未来银行之路

刘兴赛 著

中信出版集团 | 北京

图书在版编目（CIP）数据

未来银行之路 / 刘兴赛著 . -- 北京 : 中信出版社，
2019.6（2021.12重印）
ISBN 978-7-5217-0477-8

Ⅰ . ①未… Ⅱ . ①刘… Ⅲ . ①银行业－银行发展－研
究－中国 Ⅳ . ① F832

中国版本图书馆 CIP 数据核字（2019）第 084932 号

未来银行之路

著　　者：刘兴赛
出版发行：中信出版集团股份有限公司
　　　　　（北京市朝阳区惠新东街甲 4 号富盛大厦 2 座　邮编　100029）
承 印 者：北京诚信伟业印刷有限公司

开　　本：787mm×1092mm　1/16　　印　　张：15.25　　字　　数：160 千字
版　　次：2019 年 6 月第 1 版　　印　　次：2021 年12月第 6 次印刷
书　　号：ISBN 978-7-5217-0477-8
定　　价：59.00 元

推荐序

近年来，互联网、大数据、区块链等科学技术在自身迅速发展的同时，被普遍地应用于各类商业活动中，并促使一些商业（行业）活动的经营行为和经营模式发生了颠覆性的变化。在这一轮科技对商业活动的渗透和冲击中，金融业同样无法“独善其身”。马云“如果银行不改变，我们就改变银行”的宣言，更是将冲击的矛头直指“传统商业银行”。面对科技大潮的冲击，有人表示，科技已经使得金融的本质发生了变化，人们亟须加以重新认识。

其实，变与不变总是相对的。易变的往往是形式，不变或不易变的，则往往是事物的本质和规律。金融的核心功能和本质是实现资源的跨期（现在与未来）配置，即融资与投资。投融资的实现形式和表现方式随着时间、经济和科技的发展在不断变化，但资源跨期配置的本质并没有发生变化，也不会被颠覆。科技的发展使得金融活动的风险管控方式和能力产生了很大的变化，但是，风险管控只是实现融资与投资功能的手段，其本身并不是金融。中国一百多年以前的“票号”和“钱庄”，由于科技和经济的发展已经退出了历史舞台，但它们所从事的金融业务并没有改变和消失，只是由后来的“现代商业银行”（目前又称为“传统商业银行”）代为行之而已。著名金融学者、诺贝尔经济学奖获得者默顿（Robert C. Merton）说过：“金融体系的基本功能不论是现在还是过去，东方还是西方，在所有的经济体中都是基本相同的。金融的功能是非常稳定的，而实现这些金融功能的金融机构的形式和结构是相对不稳定的。”默顿的话，是对金融功能和本质的不变（稳定）性和金融实现形式的多变性的一个最好的诠释。

刘兴赛博士的这本书《未来银行之路》，其实就是对金融（银行）实现形式的讨论，相关内容贯穿于整本书。作者对“未来银行”的主要特征进行了清晰的阐述，概括起来是“6 个银行”：智能和大数据银行，线上线下一体化银行，生态合作与生态竞争中的银行，嵌入生产、生活平台中的公共服务银行，以内部创业组织培育科技创新精神的银行，以智能运营体系化解总分行治理困境的银行。不仅如此，作者还大胆地描绘了未来银行的行业图景——一个由类似于社会基础设施的科技化的金融机构与特定职能机构所构成的“分层”体系。关于未来银行以及未来银行的行业图景，是否如书中所言，尚需要实践去检验。但作者从技术和互联网的特性与逻辑出发，从竞争的角度来解构银行业的未来，却给我们提供了另外一种审视“商业银行”未来发展的视角。

当然，和一般的“未来系”书不同的是，这本《未来银行之路》着墨的重点并不在于对未来的讨论，而是着眼于当前中国银行业面向未来的现实抉择，其实质是一本应用性的现实之作。它力图从战略的角度探讨在科技和经济发展冲击下商业银行的“未来之路”。作者通过对科技在金融活动中的各种应用，特别是互联网公司对金融业务的渗透与互联网思维对金融活动影响的分析，探讨了商业银行在经营环境、竞争格局乃至经营逻辑等方面可能面临的冲击与变化。作者指出，科技和互联网大数据的发展对商业银行存贷款（投融资和支付清算）等基础业务的经营方式会带来重大的冲击，甚至带来颠覆性的变化。不仅如此，经营方式的变化和效率的提升，会带来客户范围和构成的巨大变化，进一步影响商业银行的赢利模式和生存之道。那些不能对自身的经营战略和经营行为及时做出合理有效调整的商业银行，可能会被时代淘汰。因此，商业银行需要重新调整自己的战略思维，在更广阔、更深入的层面上，从“全新的行业体系、全新的个体组织属性、全新的能力和竞争模式、全新的战略主题”出发，建立自己的战略思维框架，有效地融合现代科技，更加注重客户服务与客户体验，吸收互联网思维的精髓，改进管理体制与人才机制，通过有效的转型（作者提出了转型金融科技公司的概念）实现新的发展。

关于银行领域的著作很多，但写作和关注的重点有很大的差异，比较典型的有两类：一是以学者为创作主体的、偏学术化的著作；二是以银行从业人员为创作主体的、更加注重实务性的书。现实中，两类书存在较大的“隔阂”，这也反映了写银行书的困难之处。《未来银行之路》这本书，较好地融合了学术和实务，从历史的视角解构了中国银行业发展脉络和趋势，同时又以现实的笔触回应了实务界战略思考的实践需求。在行文中，作者会不经意间渗透出些许文学性的、哲学性的表达，给人以某种启迪，但在稍微“放纵”后，作者又快速回到客观与理性上，追求逻辑上的严谨，展现出学术的特征。

《未来银行之路》的上述特点，是和作者的背景、经历息息相关的。刘兴赛博士早年在企业工作过，后又长期从事经济学和金融学研究，近几年更是对大数据互联网时代商业银行的经营行为进行了较为深入广泛的调研和研究。正是这些“曲折”的人生经历以及学术、实务兼具的知识背景，让其可以摆脱“只缘身在此山中”的思维局限。书中的很多思想非常有启发性和建设性。以网点转型为例，智能机具的广泛布设成为当前中国银行业网点转型的重要方向，但作者却认为，这是“一个逻辑上的误区”，因为“手机等移动终端的功能从技术上讲是可以完全替代网点的，在这种情况下，大量以物理网点形式存在的自助机具，既没有人工服务的情感交互性，更没有移动终端的便捷性。在现金和实体银行卡使用频率不断下降的趋势下……网点智能化的‘极端’形态——未来银行、无人银行……并非一个成熟的战略”。上述论述给我们习以为常的战略行为带来反思，类似的例子还有很多。无疑，《未来银行之路》是一本有益的、具有相当思想性的专业书。

我相信刘兴赛博士的这部著作会为商业银行调整战略思维，更好地转型发展提供有益的参考。

是为序。

刘力[①]

2019 年 3 月 10 日

北京海淀西山庭院

① 刘力：北京大学光华管理学院金融系原主任，北京大学金融与证券研究中心副主任，交通银行、中国国际金融股份有限公司独立董事，金融学教授，博士生导师。

前言

未来银行之路

第三次银行革命与传统银行的角色边缘化

“如果银行不改变，我们就改变银行!”伴随着这样的宣言，以蚂蚁金服为代表的新金融主体在移动支付领域不断攻城略地，中国传统银行的头顶似乎笼罩着一层阴云。但事实上，银行从来不缺乏变革。一部银行史，就是一部变革史。

作为直接促进因素，银行的经营管理理论的发展、制度与监管的变迁、科技的进步，不断推动着银行史的巨轮轰然前行。在“真实票据”理论、预期收入理论、资产结构理论、全能银行等经营理论的推动下，银行不断扩大着业务视野，现代公司制度、科学管理制度、总分行制度、事业部制度则不断将银行的组织管理与时代相对接。而随着银行体系成为经济社会生活不可或缺的组成部分以及经济危机的不请自来，央行应运而生，银行发展的制度属性被高度强化。大萧条以来的分业经营、利率管制、存款保险、跨州经营限制重塑着美国银行业。而随着20世纪90年代末美国《金融服务现代化法案》(Financial Services Modernization Act）的颁布，金融自由化浪潮重新席卷世界。不过，金融自由化在8年后又将美国推向另一次危机。而在中国国内，改革开放以后的中国银行业逐步脱离行政序列，成为市场化运作的体系。四大国有银行股改上市标志着中国银行业迈入了新纪元。与此同时，科技在改变世界的过程中，也悄然改变着世界银行业。20世纪50年代的磁条技术催生了信用卡；60年代的计算机、通信、机电一体化技术产生了银行自动柜员机（ATM机）；而70年代的集中清算和环球银行间金融通信协会（SWIFT）系统、信用打分、客户评估、自动转账服务，则与数据库、存储器技术密不可分；80年代的网上银行、数据集中、金融市场高频交易，又与大型计算机、远程通信、数据库分析、互联网、图像处理等领域的技术进步有关 。而在中国国内，中国银行业的电子化起步于20世纪80年代初，主要经历了柜面业务操作电脑化、跨区域联网汇兑、电子银行体系建立、管理信息化、数据大集中、新一代核心业务系统开发等历史阶段。

从相关历史，我们可以感受到银行变革脉动的频率，但是我们回顾变革的历史，并不是要反驳马云的观点，而是要更深入地理解马云话语中更深层的含义。那就是，伴随着互联网和金融科技时代的到来以及新兴金融主体的崛起，中国银行业正面临着一场悄然的革命。

一是传统的银行客户“二八”定律被颠覆。在互联网的世界中，长尾市场开始具有经济可行性，银行的客户体系正从核心客户体系扩展到全量客户体系，客户体验、普惠精神成为银行经营的新理念、新内涵。二是生态竞争将代替全能银行竞争。生态，既是银行最大化整合内外部资源，融合金融和非金融服务，向客户提供一揽子、一站式解决方案和服务的形式，也是不同生态集团相互竞争的方式，生态内的分工协作，是最大化外部竞争能力的手段。生态竞争将重塑银行业的结构，在“赢者通吃”逻辑推动下，不同银行在生态职能上将分化重组，个别银行将成长为生态的组织者，成为社会基础设施的一部分，而另一些银行将根据比较优势，功能退化为某一领域资源和服务的供给者。三是科技从中后台走向银行的前台和核心领域。在线上线下界限日益模糊的背景下，O2O（线上到线下）平台成为银行经营的主要形态，科技成为银行经营的前台。不仅如此，科技还改变了银行的风控模式和能力，大数据风控和人工智能成为银行能力的内核。

相对于中国银行业原有的逻辑体系，这是一套新的金融逻辑。但与过去不一样的是，在本次变革中，科技已经不再是作为单一工具和手段的角色，而是与商业模式、体制机制相融合，全方位地重塑着银行业。如果把现代经营理论的完善、现代公司体系的建立作为银行的第一次革命，把国家对银行的监管及其不断完善看作是银行的第二次革命，那么，银行发展的科技化、科技公司化无疑是银行的第三次革命。

在这样一个革命式的行业变局中，银行个体的命运注定会被改变。在未来的行业体系中，占有绝对优势的，是那些掌控了公共服务平台并构建起以自身为核心的生态服务体系的科技化金融机构。它们掌控了客户、资金、数据等战略资源，它们行动迅速、产品迭代创新能力强，它们在大力发展零售尤其是普惠金融的基础上，不断向传统批发领域渗透或巩固自身在传统批发领域的优势。由于这些机构建立在互联网的逻辑上，因此这些机构对行业的垄断性和掌控力可能要远大于当前国有大型银行的影响力。互联网在标准化服务方面的低成本特征以及“赢者通吃”原则，让这些金融机构大大压缩了其他金融机构的生存空间。在科技金融机构的蚕食下，传统大型银行逐步丧失了独占客户、数据的优势，面临着自身职能退化、在行业大生态体系中逐步被边缘化的危险。而大量的中小传统机构则必须通过特色化战略来求得生存空间。

这样看来，“如果银行不改变，我们就改变银行”的宣言，尽管有其具体的语境，但其背后却隐匿着行业深度变革的宏观背景。

未来银行与未来之路

中国银行业的未来是怎样的一幅图景？这引发了有关“未来银行”的讨论。不过，我们讨论“未来银行”必须对未来的时间跨度进行界定，因为过于遥远的未来，对于当前银行的战略与抉择并无现实意义。但过于短的时间跨度，也不具有战略研究的价值。更为重要的是，我们对于未来银行图景的讨论，必须在相同的时间框架内，否则就容易陷入众说纷纭的困扰。中国银行业的战略规划，往往是3~5年一个周期。对于更遥远的未来，中国银行业很少愿意去思考，其原因就在于，几十年来中国银行业的变革，尽管是深远的，但趋势却是平滑和外推的。只有在历史的转折期，银行史的拓展存在断裂时才存在遥望远方的必要。但正如前面我们所分析的，中国银行业的历史正处在这一特殊的历程中。基于此，我们将本书讨论的未来银行界定在未来10年或者再稍长一点的跨度里。

在这样的一个未来时段里，银行会是什么样的呢？中国银行业应该向什么方向转型呢？市面上有关的讨论其实很多，目前主要有以下几种观点。

第一种从业务转型角度解构历史发展趋势，认为大零售业务、交易银行业务是中国银行业的转型方向。[①] 这类观点着眼于中国经济长期增长趋势以及经济模式的转换对银行业务的影响，认为包括小微企业业务、资管业务在内的大零售业务以及以支付、结算、贸易融

---

① 姚余栋. 宏观经济形势与银行资产荒［R］. 第二届中国中小银行创新峰会，2018-04-19。

资为主要内容的交易银行业务是传统银行的转型方向。第二种从金融科技应用角度解构历史发展趋势，认为大数据银行、智能银行、数字化银行是未来银行的基本形态。[①] 这类观点高度关注金融科技对未来银行的影响，认为以大数据、人工智能为主要内容的金融科技将重塑未来银行业的形态。第三种从经营模式角度解构历史发展趋势，认为轻型银行是中国银行业的转型方向。[②] 这类观点更加重视利率市场化、强监管以及强资本约束的影响，认为控制资产负债规模与缩表、非利息收入的增长以及轻资本消耗的经营模式是中国银行业转型的方向。第四种从银行职能属性变迁角度解构历史发展趋势，认为信息中介银行是转型方向。[③] 该观点重视互联网巨头跨界金融对传统银行交易中介职能、信用中介职能的冲击，并认为传统银行从交易中介、信用中介向信息中介转型或是未来方向。

上述观点，反映了经济增长放缓、经济转型、金融市场化向纵深发展、金融监管理念和风格逆转、金融科技崛起以及互联网巨头跨到金融界等问题对中国银行业的深远影响。单就观点本身看，都有其现实的价值。不过，对于未来银行图景的讨论，关键在于抓住中国银行业发展的逻辑主线。大零售业务也好、交易银行业务也好，抑或是轻型银行，其本质还是传统银行在既有商业模式框架下的经营调整，而大数据银行、数字化银行尽管触及了中国银行业在新逻辑框架下的创新发展，但其视野尚局限于银行个体。事实上，在互联网的逻辑下，个体的发展必须置于整个市场和行业的视角中。在“赢者通吃”的逻辑下，关键性的大

---

① 姜建清．数据化银行变革三要领——平台、数据、金融［R］．中欧国际工商学院2017第二届香港论坛，2017－04－21。

② 巴曙松．新常态下商业银行转型新趋势［N］．国际金融报，2017－09－18。

③ 项峥．金融科技将成主流，银行业经营转型迫在眉睫［N］．证券时报，2016－11－08。

数据是被少数底层科技公司或金融科技公司垄断的。而在业务发展领域，那些标准化的业务，将被占有平台、数据和客户的底层金融科技公司或其合作伙伴占据（正如天弘基金借助余额宝所实现的爆炸式成长）。而大量的没有金融科技优势，丧失平台、数据和客户资源的金融机构，将通过自身在某一非标准领域的比较优势而获得生存机会，并成为底层金融科技公司所构建的金融服务生态体系中的一环。不难看出，所谓的信息中介转型，其实也是未来银行生态图景中的一个环节。简而言之，我们考察未来银行的图景，要在新金融逻辑框架下从行业竞争的角度切入，从行业结构的变迁、银行职能的分化、银行个体内部体系的重建等方面来解构。根据本书的观点，未来银行具有如下特征。

第一，未来银行是智能银行和大数据银行，以大数据、云计算、人工智能为代表的金融科技得到深度应用。第二，未来银行是生态中的银行，中国银行业将从“国有行—股份制银行—城商行、农商行”的行业体系，转化为“新综合化金融科技公司—单一开放平台公司—特定人群的银行、特定地域的银行、特定功能的银行”的行业生态体系。现有银行的职能将在分化重组中对接上述的未来角色。第三，未来银行将更加强化银行的公共服务属性，银行生态中的底层公司将成为社会的基础设施。第四，未来银行将向非金融服务领域衍生，在公共服务基础上，银行金融服务将与非金融增值服务相融合，为客户提供一站式解决方案。第五，银行物理网点和互联网渠道的界限将消失，O2O 是银行的主流形态。第六，科技公司化将是未来银行最大的体制、文化特征，金融的风险经营属性不会消失，风险经营属性与创业创新组织的结合，是银行内部体系构建的基本方向。第七，未来银行是以智能运营体系改变总分行治理困境的银行。

当我们完成对未来银行图景的描绘时，我们的战略管理工作尚未完成，我们需要找到通往未来银行的道路。未来银行是未来图景对现实的投射，银行现实的战略并不是直接对接未来，而是渐进引导我们走向未来。因此，未来银行之路的重点，不在于知道未来，而在于基于现实，保障我们拥有未来。本书根据中国银行业的现实，将通往未来银行的未来之路，阐述为五个环节：一是银行找准自身在未来生态中的可能角色；二是银行根据生态角色定位，推进创业创新组织转型；三是银行积极争夺未来金融服务的入口，当然，这决定于每家银行对自身角色的期许，因为对入口的争夺，某种程度上决定于银行未来的生态角色；四是银行通过新的蓝海战略为创新发展、重建赢利能力找到抓手；五是银行对既有的红海市场、传统业务进行特色化经营，通过提升核心竞争力提高赢利能力。

以上我们所谈论的未来银行与未来之路，主要是就中国的图景所做的分析。无疑，它具有鲜明的中国性，但是需要强调的是，未来银行之路并非中国的独有现象，科技的发展和应用是世界性的。当然，由于中国作为后发国家，技术的应用可以与商业模式变革深度相伴，其影响力更为深远，但未来银行发展的基本理论和趋势却是相通的。同时我们也需要看到，放眼全世界，与中国相似的发展中国家仍然是一个庞大的群体。中国银行业的发展，事实上为一些国家银行业的发展，提供了可以参考的模式。

未来的不确定性与本书的写作初衷

本书试图对中国乃至世界银行业的未来图景进行描述，但这其实是在冒很大的险，因为几乎没有人可以准确预知未来，我们面对的是一个不确定的世界。就中国银行业的未来发展而言，也是如此，这种不确定性，主要来自三个方面：一是监管的态度以及走向。银行业务本质上是一种许可制度下的市场行为，银行的经营和宏观政策、监管制度紧密关联，无论是新型主体，还是金融科技，能否成为时代的驱动器，关键看监管的态度。未来银行的发展，是一个商业模式创新、生态体系重建的过程，而在这一过程中，监管具备否决权。二是互联网金融整顿与金融科技的炒作。近几年，互联网金融领域不断“爆雷”，与之相适应的是国家对相关领域的治理和严监管。在此情况下，一些互联网巨头更加强化自身金融科技的属性。不过，除了在移动支付领域，很多所谓的金融科技巨头还只是初涉金融领域，很多机构由于融资生存模式的需要，事实上还停留在“讲故事”的阶段。无论是互联网乱象还是金融科技领域的炒作，都是对行业发展的重大威胁，它们会通过客户、传统银行、监管机构对其的解读影响整个行业的走向，影响新金融逻辑的落地。三是传统金融机构行为的自我实现。未来是一个自我实现的过程，当我们都认为某一前景会实现的时候，大家共同的努力，将加速某一前景的实现。因此，行业整体的行为对未来银行的走向具有根本性的影响。由此说来，我们大书特书的未来银行的图景似乎是海市蜃楼了，因为只要我们每个机构都遵从于传统的商业框架，未来就可以停留在过去。但问题是，在一个竞争的市场环境下，无论是新兴主体还是传统主体，都有通过创新占据先行优势，把控未来生态角色的愿望，从这个意义上看，尽管未来确切的图景并非唯一的，但时代所赋予的趋势却是明晰的，正所谓“大道汤汤，顺之者昌”。同样，作为“市场守夜人”的监管，其更多是顺应这一时代趋势，疏导而非阻滞。事实上，趋势的实现尽管可以因为阻滞的存在而变得曲折，但趋势之所以为趋势，就在于其终极实现的不可逆转。从这个意义上看，未来银行的确定性又孕育于不确定性之中。

关于未来银行的图景，似乎摇曳在确定与不确定之间，那我们这本书的写作意义又在哪里呢？比尔·盖茨（Bill Bates）曾经说：“人们总是高估未来两年的变化，低估未来10年的变革。”这句话用在银行领域，就更贴切了，不断加速前进的时代步伐正让我们面临着巨大的陷阱。正是基于此，我们愿意借这本书，抛出一些我们亟待回答的问题，它的真实意义不在于对未来进行赌博式的预测，而在于通过相关论述，引发我们去思考，在灰度和混沌中找寻适合自身的战略。这些问题包括：第一，地方政府及其相关业务的战略地位问题；第二，零售战略意涵的重大改变与新零售战略的推进问题；第三，经济社会发展与银行市场营销战略的逐步调整问题；第四，公共服务与银行的传统地位和优势问题；第五，银行的系统性变革与深层次创新问题。

本书的内容、架构、写作方法以及有关说明

内容、架构、写作方法

本书是一本关于中国银行业发展战略的书，它分析了在传统银行发展逻辑红利释放殆尽、互联网巨头跨界金融带来全新发展逻辑背景下，中国银行业发展的未来图景，以及在未来图景中的未来银行形态，据此，中国银行业做出直面未来竞争的战略抉择。

全书分为三个部分，秉承总分的结构设计，其中第一章是全书的总述部分，对全书的理念和主要观点进行概括。第二部分是本书的本论部分，主要分析中国银行业面临的内外部挑战。第三部分为本书的对策部分，是有关中国银行战略选择的主要观点，其中第五章起转承的作用，它在第三部分中扮演总述的角色，对于我们理解全书结构具有重要意义。在写作方法上，第一章因为是全书的综述，所以主要运用了概括、描述的写作手法，而其他章，主要运用的是逻辑分析的方法，归纳法、演绎法是主要方法，具体包括案例分析、历史分析以及比较分析。

书中概念的运用和说明

（1）传统银行。它是指采取传统商业模式的银行群体，是一个相

对性的概念，是一个为了便于叙述，本书常用的概念。但事实上，我们在实践中却很难区分这样的群体，中国银行业通往新金融逻辑的道路，并不是计划的、整齐划一的，不同银行对接互联网和金融科技时代的步伐，尽管有差异，但早已有之。因此，传统银行这个概念只是为了与新金融逻辑对比的需要，在理论上的一种界定。

（2）金融科技。当前，市面上的金融科技是颇让人困惑的概念，在有些语境里，它是本义，是科技，是应用在金融领域的科技；而在新兴金融主体那里，金融科技代表一种金融主体类型。本书中的金融科技用的是大众一般理解的字面含义，即应用在金融领域的技术，而非特定含义中的金融主体。

目录

第三部分　未来银行之路　91

第一部分

写在商业银行革命的前夜

第一章 战略第一次成为中国银行业发展的决定力量

在人生的关键节点，方向比努力更重要。
在行业的蜕变时代，长期战略比短期经营更重要。

10 多年前，震撼世界的次贷危机改变了全球银行业“版图”，中国银行业的地位凸显。但从 2014 年后，中国银行业贷款不良率飙升，基层员工排队辞职一度成为常态，国有四大银行净利润增速全部跌入低速区间。于是，昔日的赞誉瞬间化为担忧与质疑。不可否认，周期的力量在这种“过山车式”的发展中扮演着重要的角色，但同样，我们也不能忽视趋势的长期影响。近几年，有两个事件注定载入中国银行业的历史：一是 2015 年 5 月 1 日，存款保险制度实施；二是 2017 年 3 月 28 日，阿里巴巴（中国）有限公司与中国建设银行股份有限公司战略合作协议签约仪式在浙江杭州举行。前者是中国银行业发展历史上重大的制度变革，至此，银行破产在 1949 年以来将第一次走入国人的视野，它标志着中国银行业一个时代的终结。而后者呢，似乎只是两家微观主体市场化的选择，不过业内人士都知道，这不是两家企业的第一次牵手，彼时的双方地位，至少在传统银行巨头看来，并不是一个量级的，但在 10 年后，合作双方的主次易位不禁让人唏嘘——中国银行业已经进入一个急速变革的时代。传统的行业兴亡逻辑被打破，同类机构中的强者未必就能幸免于难，长时间的“公平”发展局面已经不复存在，条条大路通罗马似的战略正面临着前所未有的挑战。

成败不在经营之功：关于“摧毁你，却和你无关”的启示

经济下行加大了中国银行业的经营压力，保持行业位次成为很多银行的工作重心。但事实上，中国银行业真正的挑战并非来自短期经营上的压力，更不是来自行业内总体相对稳定的竞争格局，而是来自“盛世危言”，来自跨界竞争以及非相关性替代，来自熊彼特（Schumpeter）等人所描述的关于创新的典型场景。

现代创新理论的提出者熊彼特认为，“创新同时意味着毁灭”，“新组合并不一定要由控制创新过程所代替的生产或商业过程的同一批人去执行”。铁路的建设意味着对驿路马车的否定，但铁路的建设并不是由驿路马车的所有者去执行的。而克里斯坦森（Christensen）的“颠覆理论”则描述了新技术、革命性变革，对传统行业中具有优势地位公司的影响。在他看来，在传统市场领域占有优势的公司，往往以利润最大化为导向——服务于最优质的客户，聚焦于利润最丰厚的产品，并推动持续的创新。但这一战略恰恰为颠覆性新技术埋葬它们打开了大门。当颠覆性公司以更便捷、更便宜的产品锁定低端消费者或者全新消费群体之时，传统优势公司往往进一步转向高端市场，而不是积极拥抱新技术，坚守大众市场。然而，颠覆性公司的不断发展，将最终蚕食传统优势公司的市场份额，并取代其行业地位。

对上述理论做注脚的经典案例，在时空上离我们并不遥远，远有柯达（Kodak）的衰败，近有诺基亚（Nokia）的轰然倒塌，而中国方便面行业的发展情形则是正在上演的故事。

柯达的衰败可以说是企业战略失败的经典案例。柯达是感光界的王者，从1888年第一部柯达照相机上市开始，柯达的成功神话曾经延续了上百年。柯达在“胶卷时代”的市场份额一度占据全球的2/3，在100多年的漫长岁月中，其积累了万余项专利技术，而全球员工雇用量在巅峰时期达到了14.5万人。但到了20世纪90年代末，这家百年老字号走到了十字路口：一方面，主营的胶卷业务占据了市场半壁江山；另一方面，“影像数码化”趋势越来越明显。最终，由于舍不得放弃传统胶片领域的市场地位，柯达高层更多把关注的重点放在了防止胶卷销量受到不利影响上。战略上的一再迟疑，致使柯达错失数码转型的历史时机。等到它2003年下定决心转型，却为时已晚。于是，发明了世界上第一台数码相机的柯达反而为数码时代所抛弃。

与柯达的遭遇颇为相似的是手机巨头诺基亚。奉行“科技以人为本”的诺基亚，成也创新，败也创新。诺基亚成立于1865年，其前身是芬兰的一家木浆工厂，后来又经历了橡胶厂、电信公司等经营形态。通过几次成功的战略转型，诺基亚成长为世界手机市场上的领先者。2003—2006年，其在全球手机市场占有率为72.8%。诺基亚鼎盛时期，全芬兰有1%的人口在诺基亚上班，每年贡献芬兰GDP（国内生产总值）的1.5%。但作为一个有150多年历史的百年老厂，诺基亚的衰败也只是短短几年的事情。

诺基亚从极盛到轰然倒塌缘于苹果智能手机的横空出世。由于受传统制造业思维束缚，诺基亚长期游离于互联网的大门之外，忽视了触屏手机对手机市场格局的革命性影响。不仅如此，在苹果手机横扫市场之际，诺基亚又不想受制于人，拒绝加入安卓操作系统（Android），结果软硬件一起抓，然而仍未能打败苹果公司的移动操作系统（iOS）和安卓操作系统。而在营销策略上，在苹果推出应用商店（App Store）后，诺基亚也通过收购导航软件、电子地图等进行纵向一体化整合，继而打造自身的应用商店 Ovi Store。不过，作为一个封闭的纵向一体化平台，Ovi Store 的产品只限于自家软件，资源有限，但苹果的应用商店不一样，它是开放式的第三方平台，可以通过第三方开发而获得不断更新的应用资源。

在软硬件和营销上都落后于竞争对手的情况下，诺基亚面临的自然是全面的大溃败。诺基亚给我们的启示在于：第一，当市场上出现革命性技术或产品时，我们必须及时做出反应，否则在信息技术时代，很难有亡羊补牢的机会；第二，合作是当前信息技术时代产业发展的基本形态，竞争的前提恰恰是广泛的合作；第三，封闭在信息技术时代的商业竞争中是行不通的，自负和封闭是阻碍创新的最大敌人。

如果说，柯达和诺基亚的问题在于传统市场的王者对待颠覆性创新的战略迟疑，那么发生在中国方便面市场的故事则更具有震撼性。因为，一个领域的市场领先者的衰落，从本行业的视角看，并无战略上明显的过失，但在科技创新的大背景下，行业对手之间的血腥厮杀却可能因为毫不相关的其他领域的创新而失去了意义。方便面 1958 年诞生于日本，但行业市场却快速成长于中国。作为拥有 10 多亿人口的东方大国，中国每年的方便面销量更是占据了世界方便面销量的半壁江山。在中国方便面市场的成长过程中，华丰、康师傅、统一、今麦郎、白象等你方唱罢我登场，推新品，做促销，商战的激烈程度甚至发展到大型厂商之间的相互攻讦，但几十年的商战故事转瞬间似乎就成了昨日的梦境。统计显示，中国方便面销量在 2013 年创下 462 亿包的辉煌战绩后急转直下，连续 3 年下跌。2017 年，中国方便面年销量 389 亿包。而此时，曾经沉浸在忘我的同业绞杀中的康师傅等方便面巨头则同时跌入深渊。

方便面销量图呈倒 V 字形的原因到底是什么呢？诚然，一些专家指出人们消费水平提高后会对方便面排斥，但消费水平和消费习惯的影响应该是渐进、平滑和缓慢的，这种急剧的反转必然有其他原因，答案就在于近几年中国网络订餐行业的快速发展。据艾瑞咨询（iResearch）公布的《2016—2017 中国在线餐饮外卖市场研究报告》，2011—2016 年，中国在线订餐市场规模由 216.8 亿元增长至 1 662.4 亿元，6 年间增长了近 8 倍。

需要说明的是，网络订餐与方便面并不属于同一行业，但网络订餐商业模式内涵却与方便面的核心优势高度重合。而且，网络订餐更加方便、快捷，网络定做的食品口味更加丰富，在消费者心目中也更具有营养性。作为方便面市场竞争中的强者——康师傅和统一，更善于同业竞争，但在新科技浪潮下，对于来自非相关领域的替代性创新，传统巨头们却是一筹莫展。

柯达、诺基亚、康师傅、统一等案例不仅说明了在技术革命时代，战略管理的意义从某种程度看远超经营，同时也说明了在特定的背景下，局限于本行业的战略视野和战略管理，仍不足以保证行业领先者的基业长青，即“这是一个颠覆你，却和你无关的时代”。

柯达、诺基亚、方便面行业某一历史时段的情形与中国银行业当前的形势颇有相似之处。在行业内部，中国银行业已经形成相对稳定的竞争格局，但各银行间的竞争一刻也没有停止，反而愈演愈烈。但在各银行为市场份额激烈竞争之际，互联网巨头已经携着全新的商业模式悄然潜入中国银行业市场。由于互联网巨头主要定位于非传统银行业市场——小微客户、长尾客户，传统银行目前尚没有感受到现实的竞争压力。而在对互联网金融和金融科技的态度上，很大一批人士曾经紧张过，但在互联网金融进入整顿发展期，诸如余额宝等爆炸性产品增速放缓后，很多人又再次回到各种“冷思考”的模式中。

事物在曲折中前行，才是我们这个世界的辩证法。对互联网金融和金融科技，从紧张慌乱到虚惊一场似的如释重负——这样的情绪变化，是否会是《狼来了》寓言的现实重演呢？诚然，银行业与上述行业存在明显的差异，银行业更强调风险和客户资金的安全，监管对行业发展方向的影响又几乎是绝对的。但是，我们也需要看到，随着第四次科技革命的推进，银行业的科技属性将越来越强，科技领域的故事将不可避免地在银行业上演。而监管尽管可以在短期影响行业的发展，但长远看，监管本身也要服从于科技和历史发展的长期趋势。从这个意义上讲，中国银行业的挑战，并不在于经营，而在于颠覆性案例所揭示的战略风险。

新旧逻辑碰撞、融合的时代

2016年4月，国务院办公厅印发《互联网金融风险专项整治工作实施方案》，方案的实施，从一个侧面揭示了中国互联网金融领域存在的种种乱象和问题。但是，这些乱象也容易遮蔽人们对互联网金融发展前景的认知。客观上，专项整治并不是互联网金融崛起面临的挫折，恰恰相反，它会使中国互联网金融从草莽走向规范，从体系外走入体系内；它有利于规范的、已经成长起来的企业在一个良性的行业轨道上进一步前行。事实上，相对于传统金融体系，尤其是银行体系而言，互联网金融已经成长为中国金融业的第二体系，已经成为中国金融体系中的重要组成部分。

据艾瑞咨询的《中国第三方支付市场监测报告》，2016年第三方支付转账规模同比增长235.0%，而银行卡转账则同比增长15.3%，第三方支付转账开始成为个人转账首选。随着第三方支付在消费、金融、个人应用等领域的渗透，对线上、线下场景的充分布局，非现金支付笔数快速上升。央行数据显示，自2012年起我国非现金支付笔数增长率超过20%且增速呈上升趋势，大众越来越倾向于选择非现金支付方式，支付宝钱包和微信支付成为人们非现金支付的主要工具。

有数据显示，中国总共有34亿个第三方支付账户。其中，支付宝有5.2亿个（2017年3月末），腾讯有6亿个（2016年年末）。而作为私人资本，蚂蚁金服和腾讯分别拥有下一代金融基础设施——网联的9.61%股份，这无疑是中国金融第二体系力量崛起的注脚。

根据某外媒2016年9月的数据，在全球27家金融科技独角兽公司里，中国有8家，它们总计募集了94亿美元资金，估值总额超过964亿美元。另外，英国《经济学人》（*Economist*）2017年2月25日报道，中国金融科技的规模处于全球首位。中国在数字支付领域遥遥领先，占全球市场规模近一半。中国也主导着网络借贷市场，占全球市场的3/4。2016年，全球前五家最具创新力的金融科技公司中，中国有四家。中国最大的金融科技公司蚂蚁金服估值600亿美元，和瑞士最大的瑞士银行（UBS）相比肩。

相对于传统银行业体系，互联网金融、金融科技具有鲜明的互联网特性，具有独特的参与银行业市场竞争的逻辑。

第一，“七二一”法则、“赢者通吃”法则与战略进取心。“七二一”法则认为，当某个互联网领域发展成熟后，一般市场容不下三个以上的主要竞争者，其中老大是主导者，占据60%～70%的市场份额，成为游戏规则的制定者；老二占据20%～30%的市场份额，是偶尔的挑战者；其他占10%甚至更少的市场份额，是跟随者。主导者作为“赢者”，掌握着市场最多的客户、收入和利润。相对于其他行业而言，互联网具有更高的行业集中度，一家公司要发展互联网业务，只能争第一。也正因为如此，互联网巨头的金融发展战略往往具有极强的进攻性和侵略性，具有改变竞争格局的气魄与雄心。

第二，平台化与长尾客户深耕。互联网极大地降低了客户服务的边际成本，互联网公司每多服务一个客户，其成本趋近于零，这使得在传统经营模式下因成本过高而无法获得服务的客户，可以随时随地通过互联网获得产品和服务，这形成了互联网的“长尾效应”。尽管长尾客户带来的个体收益并不大，但由于其数量庞大，互联网公司一旦拓展了这一市场，取得了一定规模，其带来的收益甚至会超过大客户市场所带来的收益（余额宝面对的只是个人客户的零钱，一般不高于3 000元，远低于银行理财5万元的门槛，但却在极短时间内达到万亿元规模，使天弘基金成为世界上最大的货币市场基金），从而在经济性上颠覆了银行客户选择方面传统的“二八”定律。基于互联网的长尾特征，互联网金融通过构建互联网平台（如打造移动支付平台）来促使各类客户集聚，并打造综合金融服务的流量入口。

第三，“体验为王”与服务模式创新。在传统经营环境下，客户想了解商家产品和服务方面的更多信息、其他客户的评价或价比三家时需要付出相当的成本，商家跟客户之间存在着高度的信息不对称问题，服务体验方面的欠缺，不会有太大的影响。但在互联网时代，消费者可通过网上讨论、查看评价、比较商家等方式了解产品、价格、售后等各个方面的情况，进而做出消费决策。市场上一旦出现体验不好的情况，将会在更大范围内对消费者的决策造成影响。因此，互联网时代，“体验为王”“真正以客户为中心”变得更为重要。基于互联网这一特性，互联网金融积极推进服务模式创新，通过简化流程，通过智能化、自动化、在线化的服务提升客户的体验。支付宝钱包和微信支付能占据移动支付近九成的市场，其竞争利器就是客户良好的使用体验。

第四，网络正向外部性与全景扩展的张力。互联网存在着正向的外部性，这使得使用网络的用户越多，网络上的产品及服务越能体现出价值，进而越能吸引更多的用户来使用，一旦用户的数量规模达到一定的“引爆点”，两者的正向相互激发作用将带来网络规模的爆发性增长。陆金所作为一家P2P平台，用户从0到500万花了3年多时间，而从 500 万跨过 1 000 万门槛，却只用了 6 个月。基于上述网络效应，互联网领域奉行“快鱼吃慢鱼”原则，在跨界金融领域后，互联网巨头将跑马圈地、产品快速迭代等竞争手段带入金融领域。在金融场景大战、综合化布局、对农村和国际等蓝海市场的开拓中，互联网巨头在商业模式上显露出后来居上的战略态势。

第五，合作共赢与构建生态闭环。开放、合作、共享、共赢是互联网所体现出的精神实质。互联网时代的“无所不达”“互联互通”使得通过封闭发展、摒弃合作、不顾客户利益竭泽而渔等商业理念来获得成功变得越来越难。在此背景下，互联网巨头跨界金融纷纷通过广泛的合作整合各方资源，围绕自身所具有的平台、场景、流量优势，构建以自身为主体的生态体系，从而以资源和能力最大化的态势参与到激烈的市场竞争之中。

互联网巨头跨界金融，带来全新的竞争逻辑，它不可避免地要与中国银行业传统的逻辑相碰撞、相融合。

与互联网金融天生的互联网基因不同，传统银行秉承的是另外一种逻辑：中国银行业是一个以四大银行为主导的，由国有控股大行、全国性股份制银行、区域性城市商业银行、区域性农村商业银行构成的多层次，有激烈竞争，同时结构又相对稳定的垄断竞争市场。这一市场奉行“二八”定律，“三大一高”（大城市、大行业、大企业、高端客户）是争夺客户的重点。庞大的机构体系，通过总分行制、条线管理和科层制来架构和驱动。稳健经营是银行最重要的文化基因，风险管理和合规经营是银行的核心能力所在，资本是银行经营的基础。线下广布的基层网点以及由此带来的资金优势、资金成本优势是银行个体优势的来源。作为社会基础设施，银行与政府存在千丝万缕的联系。不仅如此，在过去的 10 多年里，政府作为经济生活的真正主体，它实际上也是中国银行业最大、最重要的客户。

互联网逻辑和中国银行业逻辑是完全不同甚至在某些方面相对立的两个逻辑体系。本来两个体系可以相安无事，但随着几个关键因素的改变，两个体系不可避免地开始碰撞和融合。一是客户行为和客户需求的改变，随着互联网一代的成长，银行客户对客户体验的要求日益突出，过去以银行为中心的服务体系日益引起客户的不满。二是随着移动互联网的发展，线上和线下的界限已经日益模糊，客户的在线化，让传统银行依托于网点的竞争逻辑失去了基础。三是互联网金融直接进军支付等基础金融服务领域，不仅直接动了银行的奶酪，而且为下一步涉足更广泛的金融领域奠定了流量入口和数据基础，对银行形成极大的战略威胁。四是金融科技的发展，将两个体系连接起来，传统银行应用金融科技的过程，就是注入互联网基因的过程。五是尽管互联网巨头跨界金融，具有自身的独特优势，但其在资金、风控经验、合规经营等方面还存在短板，传统银行和互联网巨头展开合作是双方共同的需求。六是随着监管对互联网金融有效覆盖以及互联网金融对银行业务的深度介入，风控和合规经营也将是互联网金融的必修课。

从集体进化到战略分化的行业图景

外患往往伴有内忧，中国银行业内部也正从集体进化步入个体分化时代。

过去的10多年是中国银行业发展的盛世时代，中国银行业实现了集体进化。2018年7月，英国《银行家》（*Banker*）杂志公布了全球1 000家大银行排行榜。在这份主要以核心资本实力为主要考量的榜单中，有11家中资银行进入全球前30强。中国传统的四大银行占据了榜单前四位，其中中国工商银行居于首位，中国建设银行居于次席，中国银行和中国农业银行分居第三、第四位。截至2018年第三季度末，中国银行业资本充足率达到13.81%，不良贷款（“一逾两呆”）率已从历史上的30%左右下降到目前的2%以下。截至2018年年末，中国银行业总资产达到261.4万亿元，已经成长为世界上最大的银行体系。2018年第三季度，中国银行业平均资本利润率为13.15%，平均资产利润率为1%。

中国银行业从技术破产边缘到集体的进化和发展，是自身改革开放与外部经济社会环境共同作用的结果。自身的改革开放包括：一是大型国有银行的股改上市。以《商业银行法》（1995年）为基础，大型国有银行改变过去分支机构“准法人”的管理格局，统一法人管理，推进“自主经营、自担风险、自负盈亏、自我约束”的商业化改革，剥离不良资产，引进战略投资者，实现股改上市。二是银行制度和标准与国际对接。2003年，中国银监会成立，中国银行业监管进一步与国际对接。2012年，中国银监会融合《巴塞尔协议Ⅱ》和《巴塞尔协议Ⅲ》，颁布了新的资本管理办法。2016年起，央行进一步将2011年以来实施的差别准备金动态调整和合意贷款管理机制调整为“宏观审慎评估体系”，强化宏观审慎监管。通过监管传导，中国银行业逐步建立起风险意识、资本约束理念、成本意识和价值创造意识［经济附加值（EVA）、风险调整后的资本收益（RAROC）］。三是“走出去”和持续扩大对外开放。截至2016年年底，共有22家中资银行在海外63个国家和地区设立了1 353家分支机构，其中一级分支机构229家。截至2017年11月末，我国有外资银行业金融机构210家，截至2016年年底，中国外资银行资产总额为2.93万亿元。在对外开放过程中，中资银行通过引资、引智、引制，深化与外资金融机构的合作，在公司治理、风险管理、信息技术等领域取得了一系列成果，提升了行业整体管理效率和业务创新能力。

除了自身改革开放以外，中国经济社会的发展演进也是中国银行业集体进步的重要因素。对于中国经济社会的发展演进，我们需要从历史的视角来加以理解，只有这样，我们才能真正理解2014年以来中国经济下行的特点以及未来中国经济社会的准确走向。其中，要素资源的相对稀缺是分析的基点，而工业化和城市化则是理解中国经济社会演进的主要线索。

1949年以后，中国经济社会面临的是资本、技术、人力资源都高度缺乏的境况，在这种情况下，中国通过计划体制将资本、人力资源等要素重点配置于重工业，希望通过重工业化来尽快实现经济社会的现代化。但是这一事实上的赶超战略，也超越了“农业—轻工业—重化产业”的产业演进的一般进程，结果造成了中国产业结构中重化产业与农业、轻工业的割裂，农业和轻工业发展的滞后。同时，由于重化产业的发展不是自然演进的结果，其巨大的资本投入只能以人为方式来解决，从而形成中国经济社会投资与消费失衡、以农补工、城乡分割等问题。改革开放后，通过对外开放和市场机制，中国解决了资本和技术、管理等要素的短板问题，长期的短缺经济形成的需求饥渴，促进了轻工业领域外资企业和民营经济的快速发展。2001年，中国正式加入WTO（世界贸易组织），中国在制造业中的劳动力成本优势得以充分发挥，在此情况下，外贸出口成为21世纪初中国经济发展的核心动力。与此同时，中国经济社会逐步形成了以土地财政为基础、房地产业为核心、城市化为主线的经济运行逻辑，城市化以及由此带来的能源重化产业和房地产业的发展成为中国经济发展的新动力。由此，中国在补齐轻工业短板后，再次进入重工业化进程。肇始于21世纪初的这轮经济增长为中国银行业的改革发展创造了绝佳的外部环境条件，这也是中国银行业集体进化的关键因素。

不过，次贷危机打断了中国银行业集体进化的进程。中国在反次贷危机过程中祭出的“四万亿”投资计划，导致严重的产能过剩和资产价格膨胀问题。当前，在经济周期调整中，不同银行的业绩表现已经出现了初步的分化迹象，所谓退潮时方知谁在裸泳，经济周期波动暴露了不同银行过去的发展质量以及不同银行的不同禀赋（比如建行以基建和住房金融为特色，这使其在国家反危机调控中占有禀赋优势）。不过，从 2017 年的情形看，中国银行业的不良率已经企稳，这说明周期的影响开始缓解，但中国银行业真正的挑战在于趋势和结构性的影响，它们才刚刚开始。

其一，支撑中国 10 多年发展的逻辑，其绩效逐步降低，不可持续性已经越来越明显。尽管中国社会已经形成对这一逻辑的依赖，但三个数字已经宣告大变革即将到来。第一个数字，2017 年中国城市化率达到 58.52%，从国际经验看，城市化率 70% 是城市化快速推进的上限。近几年，中国城市化率以每年大约 1.2 个百分点提升，不难看出，城市化为中国经济提供的动能空间已经面临急剧缩减的挑战。第二个数字，截至 2018 年年末，中国地方政府债务余额为 8.39 万亿元，债务率为 76.6%，一些地区已经存在财政重整的挑战，财政重整意味着除必要民生及政府运转支出外，其他支出零增长或大幅削减。第三个数字，2016 年全国人均住房面积为 40.8 平方米，高于很多发达国家，包括德国（39.4 平方米）、英国（35.4 平方米）、法国（35.2 平方米）、韩国（19.8 平方米）和日本（19.6 平方米）。上述三个数字意味着长期以来，政府为主体、投资为主导、基建和房地产为核心的经济运行逻辑的式微。

其二，要素禀赋决定的长期经济增速的趋势性下降。次贷危机发生后，外贸出口业务在中国经济发展中的支柱地位开始丧失，但这只是表象，更为深层次的因素在于中国的劳动力成本优势已经不再明显。与此同时，中国的资本已经不再稀缺，资本的边际效率是逐步降低的。在此情况下，中国的潜在 GDP 已经大幅度向下位移，这就是所谓新常态的真正含义。与之相契合的是中国产业结构的演进，中国的重工业化基本完成，以消费为主导、以第三产业为重心、低速发展的后工业化时代已经来临。

其三，不仅是宏观经济环境，行业的中观环境也发生着重大而深刻的改变，它包括金融与第四次科技革命的融合，银行经营与金融市场的深度对接，中国银行业监管的不断强化等内容。

以上宏观、中观内容构成了中国银行业分化发展的外部动因。但作为对外部环境的反应，战略分化是中国银行业从集体进化走向个体分化的关键性标志。

当前，国内各银行在战略上的差异日趋明显。招商银行推行轻型银行战略，积极拥抱金融科技，积极推进区块链技术应用，上线摩羯智投产品，成立招银云创金融科技子公司。而兴业银行则是同业金融的先行者，综合化发展是其基本战略，近两年积极推进金融科技应用，成立兴业数字金融科技子公司。民生银行积极探索小微业务模式创新，推行事业部改革。平安银行推出智能化零售银行战略，以信用卡为“尖兵”，提升大数据和账户两大能力，打造以“SAT（社交+移动应用+远程服务）+智能主账户”为核心的智能化、移动化、专业化的零售银行服务。光大银行则推行“1+4”移动金融体系战略，以移动金融平台为基础，通过与第三方业态合作，将成熟的金融服务融入生活，打造移动支付、移动生活、移动社区、移动营销四大服务板块。招商银行、浦发银行、民生银行和兴业银行积极推进交易银行发展。建设银行推进新一代核心系统应用，制定大数据发展战略，推行网络金融生态战略，打造包括建设银行、第三方金融服务商和客户的网络金融生态系统。而工商银行则推出再造网上工商银行的“e-ICBC”互联网金融战略，提出业内逻辑最为清晰的互联网金融战略规划和产品体系。另外，一些银行积极探索管理流程中机器人的应用，以实现人工成本的集约。与此同时，一些银行还积极探索直销银行和社区银行的发展。

我们暂不去评判上述银行战略制定与选择的正误，因为做出战略选择本身就是差异的开始。战略分化标志着行业分化正在向纵深发展，也宣示着战略在中国银行业发展中的地位的悄然变化。

关于中国银行业战略管理的反思

中国银行业的战略管理，正呈现前所未有的新特点，但回顾过去，情况却是另一番情景。因此，有人甚至说中国银行业没有战略，在他们看来，大多数银行的所谓战略，内容上千篇一律，价值上宣传意义大于实质影响。当然，我们不能否认，国内一些银行在发展的道路上已经形成自己的特色，在经营管理上有自己的独到之处，但即便如此，在过去10多年的中国银行业的整体发展中，这些银行在业绩上并没有亮眼之处。在“你好我好大家好”的行业整体形势下，战略似乎只是不同银行掌舵者个人的品牌和标签。也正是因为如此，在过去10多年的历史中，战略在某种程度上似乎成为可以任意打扮的小姑娘。

不管中国银行业是否真的有战略，不可否认的是，战略在中国银行个体发展中并非决定性的因素。事实上，中国经济的高速增长以及中国银行业后发体系的特点，弱化了战略的价值——着力发展某领域深度能力可以生存，四处出击、浅尝辄止也不影响发展。广阔的市场空间、尚不发达的银行功能，让规模导向的综合化、全功能战略成为中国银行业事实上的主流战略，而某种程度上的蓝海发展则是中国银行业发展的潜在逻辑。

正如某网络专栏作家所分析的，[①] 中国商业银行的同业、投行、

---

① 童文涛．推开银行转型这扇窗［EB/OL］．央行观察，2017-10-17。

资管等业务具有很强的“类信贷”属性，因此，零售和批发之争基本可以代表股份制银行战略的思维框架。但事实上，这也只是表象。以实施零售银行战略的招商银行为例，其公司银行实力并不弱。2018年上半年，招行公司存款平均成本率为1.67%。而作为公司存款规模最大的股份制银行，中信银行的平均成本率为1.83%。尽管数量落后，但招行的公司存款质量非常高。不仅如此，招行在投行、资管、托管等领域的表现在股份制银行中也居于领先地位。

从某种程度上看，中国银行业个体战略上的差异只是走向综合化具体路径上的差异而已。正如招商银行在其零售银行获得成功后一度将“补批发业务短板”作为战略，而一些在公司业务上具有特色的银行则寻求零售业务发展。

中国银行业的战略研究机构有一个习惯，就是特别喜欢进行西方大型银行的案例分析，并以此来作为自身主张的注脚和论据。在某种程度上，这也反映了中国银行业作为后发者的思维特点，那就是通过对成熟市场的分析，在一定程度上找到自身在蓝海市场上的扬帆方向。

但随着中国银行体系功能日趋完善、市场空间不断趋于红海竞争，规模导向的增长模式日渐不可持续——综合化的方向感已经日趋模糊，殊途同归的时代已经结束。而西方银行在次贷危机前后的风格轮回，更说明了中国银行业既有的思维逻辑和工作方法已经丧失曾经的效力。

更为重要的是，伴随着第四次科技革命在世界银行业的发酵，国内互联网金融的“大兵压境”，积极地迎接挑战已经成为传统银行生存发展的主题。在此情况下，战略终于摆脱了似乎很重要但又不重要的尴尬角色，在中国当代银行的发展中，第一次走到舞台的中央，成为传统银行个体发展的决定力量。

不过，需要强调的是，尽管战略管理的重要性开始凸显，但不同的银行，其价值还是有所区别的。金融科技将重塑中国银行业体系，但并不是颠覆行业。新体系的崛起不是要取代传统银行业，而是要通过新生态的构建改变既有的银行业的格局。不过，与以往不同的是，在环境变化中往往成为事实上的得利者的大型银行，在本轮行业格局调整中，将成为首当其冲者。相对于大型银行，中小银行网点少，没有资金、资源优势，其赖以生存的是自身对属地市场的深耕。在新的竞争环境中，中小银行的这一特点仍将是其生存发展的根基。不仅如此，一些有效融入大科技金融机构所主导的生态体系中的中小银行还有可能上演“天弘基金式”的逆袭神话。但传统的在市场上占据优势的大型银行就不同了，科技公司以支付业务打开金融服务之门，其所着力打造的场景、流量及入口，直指大型银行的传统优势——渠道、客户以及由此带来的资金及其成本优势。尽管短期科技公司银行业务规模还很小，但庞大的客户量、对关键性流量入口的掌控以及广泛的外部合作对资源的加速集聚，使科技公司可以很快逾越金融服务的规模性要求。不仅如此，科技公司一开始就围绕流量平台以大混业模式切入金融市场，相对于大型银行以“母子联动”形态出现的综合化体系更具有整体协作的竞争力。尽管短期内科技公司只是进军传统银行不屑的80%普通客群，但相关市场的蓝海特性及其巨大的潜力，恐怕会促使中国银行业出现“农村包围城市”的图景。当然，以上所有的图景都有赖于科技公司乃至大型银行对核心能力的把控——大数据风控和智能化服务。它们对核心能力，以至对基础服务地位以及关键性资源的掌控，将决定传统银行业的胜者——大型银行的蜕变，要么成为新生态体系的主导者，要么退化为新生态体系中的从属者。方便面行业的“非相关性替代”现象虽然不会在中国银行业发生，但却会以一种迂回的形式，在大型银行个体身上发生。也正是因为如此，战略管理对于大型银行地位的影响将上升到前所未有的高度。

综上所述，中国银行业的战略问题，并不仅仅是传统银行业内部的竞争问题，也不是传统银行所习惯的三年、五年规划问题，而是关于自身在一个新的逻辑体系中的长期生存与发展问题。传统银行逻辑与科技公司逻辑的碰撞，并不是后者对前者的替代，而是两者的有机融合，简言之，是金融的本质属性——风险经营、资本要求与科技逻辑引领的竞争模式、服务模式、赢利模式的结合。从这个意义上讲，中国银行业的未来属于科技金融机构或科技化的金融机构，它既可以是跨界金融的互联网巨头，真正掌握了风险控制技能，也可以是科技化转型的传统银行，对自身植入科技基因，从而适应互联网时代的市场竞争、客户服务以及获取盈利的逻辑。

对于传统银行而言，战略管理必须跳出既有同业竞争的思维框架，也就是在既有的相似商业模式下，通过资源的优化配置来提高市场产出。相反，传统银行尤其是大型银行，要把生态竞争作为自身对接科技时代的基本方式，将自身向科技金融公司蜕变作为发展的终极方向。在此基础上，传统银行一方面需要通过战略的资源配置功能，实现技术推动的能力与商业模式的创新，并通过占有社会基础性服务和关键性资源（如低成本资金）来获取竞争优势；另一方面要遵循科技与互联网的逻辑，通过开源和战略合作，实现资源整合的最大化，并以此追求业务发展的行业领先地位，实现“赢者通吃”效应。相对于大型银行个体而言，行业意义上的战略逻辑将从综合化转向综合化基础上的特色化与新蓝海。之所以说是新蓝海，是因为它只与特定的能力和商业模式（比如对非传统的长尾客户市场的开拓）相对接。显然，上述战略思维框架，指向的是全新的行业体系、全新的个体组织属性、全新的能力和竞争模式、全新的战略主题。也正是因为如此，对于传统银行而言，这是一个对自身体系的革命。换言之，战略革命才是中国银行业直面挑战、迎接未来的主题。

第二部分

行业内新旧逻辑的碰撞

第二章 传统逻辑红利的日渐式微

失败是成功之母，但成功更是失败之源。
成功的因素在造就成功的同时，也埋下失败的种子。
对过去成功的依恋，就是对未来发展的背叛。

改革开放以来，脱离大一统体制的中国银行业踏上了快速发展之路，尤其是进入21世纪之后，商业化和市场化大潮不断赋予中国银行业以时代的气息。体制改革、蓝海业务拓展、经济模式与经济增长三大红利将中国银行业的发展推向了前所未有的高度。在这一过程中，中国银行业相应形成了一整套包括赢利模式、组织体系以及创新机制在内的运行逻辑。不过，历经近20年的发展，情况发生了重大的改变。以构建现代化组织体系为导向的中国银行业改革，已基本完成。中国经济步入新常态，以投资为导向的经济模式日益难以维系，而在现有技术、业务模式框架下，中国银行业所面对的业务市场，更多呈现的是红海市场的特征。中国银行业正面临着传统逻辑红利消失的挑战。

既有赢利模式的逐步瓦解

过去近20来中国银行业逐步形成的主流赢利模式，使中国银行业实现了盈利的最大化。银行通过网点获取低成本资金，并将其配置到基建、房地产以及能源重化等融资领域，由于这些领域的贷款期限长、规模大，银行在获得较高的利息收益时，只需付出较低的运营成本。在利率市场化不充分、资本约束相对宽松以及宏观经济高速增长的背景下，规模扩张带来源源不断的利润。不过，上述的一切正在加速瓦解。

资产荒与传统业务体系的衰落

2015 年以来，中国银行业出现了资产荒问题。资产荒的根源在于实体经济不景气，资产回报率下降。一方面，实体经济产能过剩、投资风险加大。另一方面，为了稳增长，国家扩大货币投放规模。另外，制度体系的不完善，也限制了资金与投资机会的有效对接，即资金找不到投资机会，而投资机会又找不到钱。资产荒反映了纸币本位制下，货币作为资产的内在缺陷（纸币本身无价值，必须脱手通过其他资产来保存价值）。资产荒造成资金在银行体系内循环，推高货币供给增速。另外，资金大量流入房地产领域，形成房地产资产泡沫，最终出现了中国过度金融化的现象。2017 年，中国金融业的增加值为 65 749 亿元人民币，占 GDP 的 7.9%（2016 年为 8.3%），而作为金融高度发达的美国则不足 7%，日本只有 5%。

上述分析从经济周期和制度角度解释了资产荒的成因。本质上，它是一种中短期分析，但作为银行的战略制定者，我们有必要分析其背后的长期因素和结构特征。当前中国银行业所遭遇的资产荒问题，既有周期性特征，也有趋势性和结构性特征。它背后是中国银行业传统支柱业务丧失了经济发展逻辑的强力支撑。

2000 年以来，中国形成了以城市化为主线的经济运行逻辑，投资的自循环是其基本特征。地方政府将土地出让收入以及配套融资投入大中城市的基础设施建设中，而基础设施建设差异则造就了地区之间、城乡之间级差地租的扩大。级差地租的不断扩大为房地产价格膨胀提供了客观基础，而房地产价格的上涨又为地方土地财政与融资提供条件。基建投资和房地产投资又带来能源重化产业的投资膨胀。上述体系的不断循环和强化造就了过去中国经济 10 多年的繁荣景象，也为中国银行业带来相应的金融服务需求。由此，中国银行业形成了以投资为主导的信贷业务体系。

一是以投资为主导的信贷，其中基建贷款、能源重化产业投资融资、房地产开发融资是中国银行业的核心业务。二是以公司客户，尤其是大中型客户为主的批发业务是中国银行业的主要业务。三是以中长期贷款为主，短期流动性贷款占比相对较低。四是消费业务主要是个人房屋抵押贷款，尽管属于个人业务，但它在某种程度上仍然具有批发贷款和中长期贷款的基本特征。个人抵押贷款，主要表现为信用卡业务，其他消费贷款占比非常低。

但随着中国城市化向纵深发展、房地产市场长期供求发生深度改变后，上述经济发展逻辑就面临着挑战。这种长期趋势与消化四万亿投资的后续影响相结合，就造成了当前产能过剩、经济下行的局面。

不过，在经济下行期，中国经济的新结构、新动能也在孕育和发展。事实上，相对于过去投资主导的经济模式，目前中国正在加速向消费主导的经济模式转变。在国家反次贷危机影响的政策操作下，中国最终消费率曾经从 2000 年的 63.3% 下降到 2010 年的 48.5%。但从 2011 年开始，中国最终消费率出现企稳和逐年回升态势。2017 年，最终消费支出占国内生产总值的比重为 53.6%，最终消费支出对经济增长的贡献率为 58.8%，高出同期资本形成总额的贡献率 26.7 个百分点。

由此可见，当前中国银行业的资产荒，从根本上说是传统业务体系所依托的经济运行逻辑的逐步瓦解，以及传统业务体系与新生经济逻辑的不匹配。

负债成本上升与长期利差的收窄

2015 年 5 月，中国正式开始实施存款保险制度，8 月，央行决定放开 1 年期以上定期存款的利率浮动上限，10 月，央行决定对商业银行和农村合作金融机构等不再设置存款利率浮动上限，至此，历经 22 年漫长岁月的中国利率市场化得以完成。利率市场化对中国银行业的经营发展将产生重大的影响。有业界人士结合美国利率市场化的经验，认为利率市场化对银行的影响可以分为短期效应和长期效应，总体看短期多负面，而长期则多正面。① 而就对利差的影响看，利率市场化导致利差缩小也仅仅是短期或利率市场化初期的效应，长期利差则至少从表象上看会上升。

事实上，利差演进决定于多种因素。首先，利差演进决定于生息资产收益率与计息负债付息率的相对变动差异。具体到收益率方面，生息资产收益率高低取决于利率周期及其弹性、生息资产供求情况，另外就是结构因素，包括客户结构、资产期限结构以及资产种类结构。从付息率角度看，计息负债付息率高低取决于利率周期及其弹性、负债的供求情况，还有就是结构因素，包括核心负债与主动负债的结构、负债的期限结构等。由此可见，我们简单地从历史经验来判断利差走向并无多大意义，因为不同国家的银行业在不同的历史阶段所面临的外部环境以及自身的经营结构并不具有可比性。

---

① 崔宏．利率市场化的短期效应与长期影响［J］．银行家，2012－11。

从中国的实际情况看，2010 年以来存贷利差走势分为五个阶段。[①]第一阶段，2010 年年底至 2012 年上半年，加息周期拉长，存贷利差持续扩大，2012 年上半年 16 家上市银行整体存贷利差达 4.35%，较 2010 年提升了 71 个基点。第二阶段，2012 年年中至 2013 年上半年，降息周期，存贷利差持续收窄，2013 年上半年存贷利差为 3.93%，较 2012 年收窄了 42 个基点。第三阶段，2013 年下半年至 2014 年，存贷利差基本维持稳定。第四阶段，2014 年至 2017 年上半年，降息周期，存贷利差大幅收窄，2016 年存贷利差达 2.95%，较 2014 年收窄 92 个基点。第五阶段，2017 下半年以来，随着市场利率的回升，存贷利差呈现回升但逐步放缓趋势。

从以上的情形看，由于中国银行业负债利率弹性小于资产利率弹性，因此，中国银行业利差呈现跟随宏观利率周期性波动的趋势。从这个意义上看，要分析利率市场化对中国银行业利差的长期影响，关键要剔除利差的周期性波动因素，重点分析趋势性因素。从趋势性因素看，对负债成本造成重大影响的因素有三个，一是主动负债、同业负债在中国银行业负债结构中的提升，二是存款理财化对银行存款的分流，三是互联网金融对低成本资金（如支付结算资金）的分流。综合来看，这三个因素将降低中国银行业负债的稳定性，提高中国银行业负债的成本。而在资产端，影响资产收益水平的关键是资产系列结构的转变，比如客户结构从大中型客户转向小微客户，这取决于中国银行业的经营转型。相对而言，负债端成本的提升趋势已经非常明显，已经是现实的挑战。

---

① 刘志平. 存贷利差将企稳回升，提升对业绩的贡献度［R］. 国金证券，2017－06－30.

网点的蜕变

在传统银行的市场竞争中，网点扮演着关键角色。数以万计的物理网点是“工农中建”四大银行的关键优势，这些遍布在各大城市的网点为银行带来了源源不断的低成本资金。但2016年以来，以四大银行为代表的中国银行业不断强化物理网点铺设的趋势开始逆转。中国银监会网站披露，截至2016年10月16日，全国共批准各银行约565家支行、分理处、储蓄所、营业网点、自助银行停止营业，而2015年全年这一数字仅为191家。大行中，截至2016年年末，工行共有13 098个基层营业部，较年初减少322个；中行内地商业银行机构总数为10 651家，较年初减少36家。中国银行行长陈四清表示，虽然中行网点在大银行中不算多，但已不准备再增加物理网点。除了裁撤网点，大行还在减少柜员人数。银行业协会的数据显示，截至2016年年末，工商银行共减少柜员14 090人，农业银行减少10 843人，建设银行减少30 007人。在网点和人员数量减少的同时，网点的发展思路和功能正发生了重大的变化。近年来，工行网点的转型主要包括三个方面：智能化、轻型化以及老城区网点向新城区迁徙。建设银行则积极推进综合性网点建设，而综合性网点要进行智慧转型。2016年，农业银行对近1 800家低效网点实施了“瘦身”，12 000多家网点进行了标准化转型。

网点价值和形态的变化揭示了银行经营和发展环境的重大变化。

第一，电子银行和智能化机具应用对传统银行网点的冲击。当前，各银行在加大手机银行发展的同时，也不断加大对自助机具的投放。2017年年底，建设银行自动柜员机97 007台，投入运营的自助银行29 047家，其中离行自助银行14 776家，离行自助银行与网点之比达1∶1。自动柜员机账务性交易量38.46亿笔，达柜面的7.66

倍。截至2017年年末，农业银行自助现金终端12.59万台，自助服务终端4.26万台，电子渠道金融性交易占比97.2%，较2016年提升1.2个百分点。中国银行业协会发布的《2016年度中国银行业服务改进情况报告》显示，2016年，银行业金融机构离柜交易量达1 777.14亿笔，同比增长63.68%；离柜交易金额达1 522.54万亿元。中国银行业平均离柜业务率为84.31%，同比提高6.55个百分点。

第二，流程银行建设的影响。随着流程银行建设的深入推进，银行更多的业务将实行集中处理，大量原来属于柜台处理的业务都被移至后台，如工行审单业务大集中、民生银行业务系统的整合工程。在这些流程银行建设中，大量原来在网点办理的非现金业务被转移到了电子银行和手机银行平台，而其处理则被转移到了后台。

第三，成本绩效比的考量。在银行利差减少、银行业绩增速明显放缓的背景下，裁撤网点，对低效网点“瘦身”成为银行提高效率的必然选择。而这在社区支行发展中，更为突出。相较于四大银行，股份制银行在社区支行领域多有尝试。与普通支行相比，社区支行能更好地打通“最后一千米”服务，但是也需要解决好服务谁、怎么服务、成本收入比的问题。虽然社区支行面积普遍较小，但各项成本算上来，尤其是与较低的金融需求相比，要达到盈亏平衡并不容易。在这种情况下，关停前期试错的社区支行，同时调整社区支行布局，从单一产品营销转向综合化、多元化、立体化经营，就成为一些股份制银行网点发展的重要内容。数据显示，2017年上半年，银监会共批复同意8家A股上市股份制银行的97家社区支行终止营业。

从《巴塞尔协议Ⅱ》、《巴塞尔协议Ⅲ》到“后巴塞尔协议Ⅲ”时代：不断强化的监管资本约束

长期以来，规模扩张是中国银行业赢利逻辑的重要内容，但从国

际国内资本监管的脉络和趋势来看，单纯依靠规模扩张的发展模式，变得越来越难以持续。

国际上，银行资本监管的制度体系主要由三个《巴塞尔协议》构成。1988 年，《巴塞尔协议 I》出台，它建立起统一的银行资本监管国际标准。2004 年，《巴塞尔协议 II》出台，它构建了包括三大支柱的资本监管框架。次贷危机后，国际银行业监管进一步加强，提高资本最低要求、加强风险计量要求、限制杠杆率集中度、增加宏观审慎维度、增加流动性监管、强化金融市场监督成为国际银行业监管改革的重点。2010 年，《巴塞尔协议Ⅲ》出台，它着重提升资本覆盖风险和吸收损失的能力。以上监管体系的主要内容包括以下几点。

第一，实施更严格的资本工具标准。金融危机表明大量的创新资本工具并不具有损失吸收能力，因此合格资本工具的标准更加严格。监管要求其他一级资本和二级资本在特定条件下具有减记或转股的损失吸收能力。在此规定下，合格资本工具的发行溢价明显上升，提高了银行发债的成本与难度。

第二，大幅度提高资本充足率要求。核心一级资本最低标准由 2% 提高到 4.5%，一级资本最低标准由 4% 提高到 6%，资本充足率最低不得低于 8%，增加了储备资本、系统重要性附加资本、逆周期资本等宏观审慎要求。

第三，强化对全球系统重要性银行的监管。2013 年，巴塞尔委员会发布了正式版《全球系统重要性银行的最新评估方法及额外损失吸收能力要求》，该文件确定了评估全球系统重要性银行的评估方法及相关监管要求。巴塞尔委员会根据候选银行报送数据确定全球系统重要性银行入选名单，并从 2011 年 11 月开始每年更新一次名单。入选银行按照得分被划分为 5 档，得分越高适用的附加资本要求也会越高。

第四，实施损失吸收能力要求。为防范大型银行“大而不能倒”的问题，金融稳定理事会（FSB）在对全球系统重要性银行的资本充足率要求的基础上，设置额外的损失吸收能力要求。损失吸收能力要求自2019年起开始实施，其比例至少为银行风险加权资产的19.5%，自2022年起至少要达到21.5%。新兴市场国家（例如中国）有一定的宽限期，自2025年起至少达到19.5%的监管要求。但如果新兴市场国家金融债和企业债超过其GDP的55%，则其系统重要性银行的损失吸收能力要求实施的日期将提前。

当前，国际银行业资本监管已经进入“后巴塞尔协议Ⅲ”时代，内部模型过于复杂、风险参数自由裁量以及国别裁量权，造成不同银行间风险加权资产计量差异较大，因此，资本监管改革引导重构风险加权资产计量框架，提高标准法的风险敏感性、强化标准法在风险加权资产框架的地位、降低内部模型的复杂程度和减少自由裁量权是其主要的内容。在此背景下，实施高级法的资本节约效果将受到限制，高级法审批更为审慎。

在中国，《商业银行资本管理办法》发布于2012年，其将《巴塞尔协议Ⅱ》和《巴塞尔协议Ⅲ》一起推进，构筑了最低资本要求、监管部门监督检查、市场纪律三大支柱。2016年，央行实施宏观审慎评估体系，替代合意贷款管理机制（差别准备金动态调整机制）。宏观审慎评估体系管理强化了资本充足率对业务发展的影响范围。从盯住“贷款”转为对广义信贷（贷款、债券及股权投资、买入返售和存放非存款类金融机构款项）实施审慎管理，这对银行统筹协调贷款、债券、同业等业务发展提出更高要求。

不断强化的资本监管要求，不仅加大了银行内部资本积累的压力，同时也进一步强化了对银行资产规模增长的约束。银行不仅要加大利润的资本积累，推进资本工具创新，最关键的是要调整业务发展的战略结构和推进经营的精细化程度，摒弃中国银行业传统的以规模为导向的粗放经营模式。

走向低效的体系

统一法人、转授权、地区性分权经营、专业化、组织架构的完善、职能管理的强化，对脱胎于计划经济时代的中国银行业走向经营现代化，发挥了重要作用。但时过境迁，环境的变化要求银行组织体系顺时而变，不仅如此，一些好的方向在经历了漫长的发展后，也会走向自身的反面。总体而言，改革所释放的活力在减少，中国银行业的组织效率在不断降低。

总分行制的弊端开始凸显

总分行制是中国银行业基本的体制，它为中国银行业快速发展奠定了体制基础。由于规模庞大、全国性覆盖，国有大型银行的总分行制最为完备，也最为典型。从国有大型银行的情形看，中国的总分行制包括几部分的内容。一是统一法人，总行、分行、支行通过授权与转授权来实现经营。二是三层管理，一层经营，总行、省行以及地市行承担着管理职能，而基层支行是经营主体、利润中心，其在经营目标上具有高度的自主权。三是以地区作为分行、支行划分的标准，各分支行在所在区域内经营。从本质上看，中国银行业的总分行制其实是“多层职能制的嵌套＋以区域划分的事业部制”。它通过与政府机构相对应的层级设计来实现管理、控制以及对资源的配置，而从经营角度看，又实行较大的分权体制，实质上是按区域划分的事业部体制。

总体看，总分行制在相当长时间内是适应中国银行业的市场实际的。事实上，当前中国的银行体系脱胎于中国的行政体系。与国家行政体系高度契合的管理体系，使中国银行业适应了中国经济社会资源配置的层级关系，为银行有效对接政府，并为其在政府高度主导的市场中占据竞争优势创造了条件。另外，长期以来，中国是一个在地域上高度分割的市场，而经营上的分权体制、基层行的经营主体和利润中心地位（类似事业部），能够最大化调动基层行的积极性以适应各地市场的差异性。

但经过几十年的发展，中国银行业正发生重大的改变，传统的总分行制正面临着越来越多的挑战。

第一，总分行制扩大了委托代理问题，在没有解决各级主管长期激励约束的前提下，总分行困于收权与放权的历史循环。在 20 世纪 90 年代，国有大行基本确立了总分行制下的法人授权、转授权制度，并积极推进资产负债比例管理、审贷分离、全行财务资源的统一配置和财务授权的预算管理等改革，逐步完善了统一企业法人的体制框架。但在集中不断强化的背景下，各行往往又陷入“一管就死”的困境，为此，总体集中的管理趋势往往还伴随着部分领域的放权和分权。某种程度上，集权和分权已经成为总分行制改革的永恒主题。

第二，随着市场竞争的加剧、银行经营对科技系统的依赖、银行经营与金融市场的对接，基层经营机构对分行、总行的服务要求不断强化。但在传统的总分行制中，总分的相应机构更多承担管理和资源配置的职能，当管理、控制、配置职能与服务职能并行的时候，总分各级管理机构会自然强化与权力相关的职能，弱化自身与责任相关的职能，而这往往造成各级管理机构——总行、省行、地市分行服务功能的弱化，这其中最关键的是产品创新服务的不足。产品创新服务的不足，造成了基层经营机构产品创新难以适应市场的需求和发展。

第三，在总分行制中，多层级的机构因为远离市场，没有直接的利润压力，不断强化了相关机构的机关化、行政化倾向。但银行的机关化和行政化与过去完全不同，它并不表现为懒散和懈怠。相反，由于高素质人才的积压、职业竞争的加剧，银行工作向形式上的极端精致化方向发展，文牍主义盛行，银行机关工作的压力不是减轻了而是不断加重了，以红头文件执行红头文件、以会议贯彻会议的现象仍然普遍存在。于是，中国银行业出现了一种现象：一方面，总行、各级分行员工的工作有增无减、压力很大，另一方面，总行、各级分行对业务经营的支持和服务却不见明显提升。另外，机构行政化带来的是总行、各级分行部门关系的异化，职能部门的权力不断膨胀，业务管理部门地位反而相应降低。

第四，总分行制与职业经理人经营相排斥，既无法实现对职业经理人的培养，也无法有效对接外部的职业经理人市场。这不仅是因为国有银行人力资源管理本质上还是人事管理，更是因为支行层级才是真正的利润中心，但支行主管层级尚低，在银行的人才体系中，只是职业经理人的入门层次，而支行以上层级的主管由于缺乏自身经营管理行为与利润的直接挂钩，各级主管的行为尚不是完全意义上的职业经理人行为，自然自身的成长方向也不是职业经理人。与此同时，由于缺乏层级较高的利润中心，即使外部市场有较高层次的职业经理人，银行内部也缺乏相应的市场化平台与之对接。

第五，在银行规模不断扩大的情况下，直线职能制管理范围不断扩大，从而导致管理服务工作的简单化和低效。一般而言，国有银行总行动辄几十个部门，同一个大类业务条线，比如零售条线，会根据资产类业务和负债类业务进行进一步划分。而在各条线和职能部门对接的省级分行则有三四十个，在这种情况下，各级管理机构只能不断强调政策的统一性，实行政策制度的“一刀切”。但这样的做法显然与竞争日益加剧、各地客户个性化需求不断增多的现实相背离。

另外，以基层的支行为业务前端、按地域进行的分割经营，还存在营销层级低、整合服务不到位、业务发展粗放、专业化经营不足等问题。

封闭的体系

中国的银行是一个相对封闭的体系，主要表现在两个方面。

一方面，银行与外部社会化的人力资源市场隔绝。国有银行的入口主要是应届生招聘，出口主要是退休和高管体制内的交流。股份制银行和其他类型银行的流动性要好一些，但由于银行对专业性以及稳定性的追求，银行与外部职业经理人市场仍然是高度隔绝，这不仅不同于一般性企业，也与其他金融企业，如证券公司不同。封闭体系的好处在于人员稳定、银行对员工的培养完整而持续，有利于保持银行的专业延续，其背后是银行对自身专业的自信。但是，在这种体系下，员工的专业背景相似、知识结构趋同、思维方式雷同。一个缺乏文化碰撞、思维风暴的体系严重抑制了银行员工的创造力。这样的情形尚可以应对原有业务体系发展的要求，但随着银行经营与金融市场的深度对接、金融科技的广泛应用，这种体系的弊端会显露无遗。

另一方面，在银行内部，部门之间、条线之间以及总分行之间人力资源流动存在较大的障碍。由于无法实现内部人力资源的自主流动，银行无法形成有效的内部人才市场，人力资源不仅无法通过再配置提升自身的效能，而且将进一步恶化组织内部氛围，激化员工之间、部门之间的矛盾。其一，实现银行内部人力资源的自主流动，是银行人力资源管理摆脱人事管理的关键环节。在现行体制下，晋升机制是激励机制的关键环节，银行的薪酬等都与级别相挂钩。但晋升机制要充分发挥应有的效果，必须基于人尽其才、充分竞争、公平选拔的前提，而内部人力资源的自主流动就创造了这样的机制。相反，缺乏流动和竞争基础的选拔机制往往带来的是人才埋没和错配。其二，人力资源的自主流动是解决部门、条线利益固化，解决流程银行建设难点的关键性机制。相反，人力资源固化将进一步强化银行内部不同部门、条线之间的分割和对立。其三，“人挪活，树挪死”，行内人力资源的自主流动，可以化解组织内部的人事、人际矛盾，可以激发组织的活力，而长期缺乏人员流动的组织往往死气沉沉，内部矛盾重重。其四，行内人力资源的自主流动可以消除“男怕入错行”的职业困境，可以让各类人才在付出较低成本的情况下有岗位（或职业）的第二次选择，这是银行对员工真正的关怀所在，也从根本上决定了银行的战斗力。

走向反面的专业化

在过去的一二十年里，专业化对中国银行业的发展做出了重大贡献，专业的人员与专业化的组织奠定了中国银行业发展的基础，而专业化的资产负债管理、资本管理、绩效管理、条线经营则推动中国银行业走向现代公司治理。但随着规模的扩大，中国银行业的专业化正在走向误区，专业化的副作用开始显现。

第一，“千根线一根针”，业务前端职能高度异化。在中国银行业的体制中，分支行是基本的经营单元，总行通过条线管理对分支行进行基于业务和专业的控制，这在分支行自主性和总行的专业控制之间形成了一种均衡。但是最近几年，一些银行总行的条线部门不断增多，原有部门内部基于细分条线而设置的处室数量也在膨胀，其中不免有因人设岗之嫌，但总体上是基于业务职能的专业化和管理的精细化。尽管初衷是好的，但结果却未必如此。对于基层行而言，无论总行的条线如何精细化，与客户相对接的仍然是对公客户经理和零售柜员，总行经营条线的精细化造成的现实是“上面千根线，下面最终归于一根针”。在管理精细化、形式极致化趋势下，基层员工的大量时间和精力耗费在应对总行的各种管理上，而对客户的拜访和风险监控、对市场的研究和分析，不仅没有加强，反而不断弱化。不仅如此，由于条线过于繁复，很多条线之间政策冲突、营销活动重复，又都强调自身的重要性，这使基层付出大量的重复劳动，同时在资源和精力配置上也不知所措，摇摆中，对任何一个领域的市场都限于浅层次的涉猎，严重阻碍基层对特定市场的深耕。

第二，不成功的事业部探索。迄今为止，国内一些银行在事业部制方面进行了一些有益探索。尽管从长远看，局部的事业部制改革是完善总分行制重要的方向，但目前中国的事业部探索大多不是很成功。相对而言，作为原有体系的增量制度设计而存在的事业部制，如金融市场事业部制、信用卡中心等设置较为成功，但作为原有总分行制的改革措施，目前尚没有成功的案例。从各银行的相关领域的探索看，其主要有两个方向：一是通过事业部制，提高公司业务的营销层级，同时网点转型为专业的零售业务前端。但前述改革忽视了目前中国地方市场根植性的战略价值以及基层支行转型对基层骨干人才职业发展的影响，造成业务和支行长的双重流失。二是通过构建基于行业维度的对公事业部制实行对公业务的专业化经营。但是这样的制度设计，在应对经济的周期性波动上具有天生的缺陷。经济周期对银行的影响，总是通过对不同行业产生不同影响的机制展开的。但各行业事业部作为独立利益主体存在，造成银行很难在各行业事业部之间进行及时、有效的经营调整。而经济下行期，经济波动会对某一特定的行业事业部产生过度的消极影响，且在行业事业部制下又削弱了过去总分行制下不同行业条线共同消解经济周期波动影响的机制。在银行的考核激励机制下，这可能造成某一行业事业部陷入“业绩下滑—人员待遇下降—骨干流失—业务发展进一步萎缩”的过度调整的恶性循环。总结上述实践的教训，事业部制不能代替总分行制，而只能作为后者的有益补充，同时，事业部制成功与否，不在于事业部制的形式，而关键在于具体的制度设计能否符合市场的实际，能否平衡各方的利益。

第三，泛滥的子公司化。构建银行金融集团也是当前各银行的战略热点。银行发展子公司有几个初衷：一是规避政策限制，打造综合金融服务能力。比如国有大行在中国香港设立投行子公司。目前来看，这一举措总体适应了中国金融混业发展的需要，是较为成功的综合化战略。二是本着肥水不流外人田、构建赢利闭环的心思成立子公司，如基金子公司、信托子公司。在这些公司的发展中，银行可以把自身的投资业务交由自身的子公司来运作，这不仅可以迅速“吹大”子公司的业务规模，将附加利润留在体系内，同时也可以将子公司作为渠道，规避银行业务发展中所面临的监管。对于银行来说，这样的综合化是成功的，但由于银行和其子公司的非市场化业务特征，从整个金融体系效率的角度看，这样的金融集团降低了金融市场的公平竞争，实际上是降低了金融效率。三是为了实现某个业务板块的专业化而实施的业务剥离和子公司化。目前来看，上述处理方式，往往割裂了专业化业务与银行原有核心业务的关系，脱离了基层分支行的支持，很多被剥离的新子公司业务不进反退。于是，子公司化的价值大打折扣，只是沦为一些银行追求金融牌照的战略游戏。

行政导向的激励悖论

第一，行政体制下的人事倒金字塔结构。在一些银行，尤其是国有银行总行的部门里，领导多于基层员工（经办人员）已经成为见怪不怪的现象。随着职位层级的上升，各级领导逐步脱离基层工作，而拥挤的领导队伍面临着更为惨烈的晋升竞争，晋升无望往往降低了领导们的工作热情，而“上头大、下头小”的层级结构，更让基层员工丧失了晋升的希望。本来，晋升机制是银行的一种激励方式，但激励的结果反而使组织的激励机制丧失效力。这种现象反映了银行行政化导向下，激励手段的单一化问题。在行政体制下，职位是唯一的资源配置依据，晋升成为唯一的激励方式（薪酬待遇只是职位等级的附属品）。在这种情况下，长期发展的结果必然是人事倒金字塔结构。当前，一些银行试图通过建立技术序列体系的方式，扩大激励的范围，但由于行政化运行规则没有根本改变，技术序列实质上只是在原有行政序列中增加了若干的等级，所以行政化的激励问题仍然没有得到解决。

第二，行政干预下“资源倾斜代替环境建设”的问题。在人才培养方面，很多银行习惯于通过“某某工程”“某某计划”来推进人才培养。一般而言，针对某种特定的稀缺人才，上述方式是一种通过资源针对性配置加速人才培养的机制，对相关领域的人才也是一种激励机制。但是现实中，一些银行往往把它当作一种常态机制。作为一种被滥用的机制，其影响往往走向反面。首先，特例性机制常态化，事实上是对原有人才培养机制的一种否定，只有原有体制难以有效运作时才需要特例来不断维持人才培养的发展。其次，不断通过特殊机制推进人才培养，实质上是通过行政手段干预人才的正常发展，现实中被选中的人才有的行为发生变异，而更多是没有被纳入培养计划的人才未受到激励。最后，长期通过各种计划来推进人才培养，往往让人力资源部门忽视构建人才公平竞争环境的重要意义。事实上，搭建公平竞争的环境、实现人尽其才，才是人力资源最重要的责任，而人为介入人才的竞争，反而打破了公平竞争的原则。最关键的是，以计划和工程之名行干涉之实，搞各种特殊人才政策，往往为各种人事上的不正之风打开了方便之门，严重恶化了银行的组织氛围，贻害深远。

第三，行政导向下银行经营的调整迟滞。银行经营具有高度的顺周期性，能够预测周期走势，并及时调整经营策略是银行经营管理者的关键能力。但目前一些银行的激励考核机制反而让各级分支行丧失了经营上的弹性。“关键绩效指标”（KPI）是中国银行业最熟悉的词，从总行到分支行，各上级行层层分解关键绩效指标，对下级行及其负责人进行关键绩效指标考核和排序。这样的考核有以下几个特点。

其一，考核与资源配置挂钩。其二，它主要基于即期的显性指标和数据。其三，它是自上而下的传导。以上特点让各级分支行只能不顾经济周期波动而刚性冲业绩，因为考核通过，就能获得相应的资源和权利。而一旦经济逆转进入下行期，很多分支行同时陷入困境，上级行往往将相关经营困境归于大环境，将困难期的特定机构的经营目标及其考核悄然修改为“调整、脱困”，这样不顾风险冲指标的机构主管既得到繁荣期的利益，又不会在风险暴露时受到相应的惩罚。因此，对于各级银行主管而言，不主动根据经营周期调整经营行为恰恰是最优的选择。另外，即使在经济下行期，上级行的考核规则没有改变，而行政化的任期制存在，相关负责人仍然可以逃脱不顾风险的消极影响。

规模导向下的经营困境

规模发展为中国银行业的发展做出了重要贡献。

中国银行业以规模为导向有其内在的发展逻辑。第一，规模经济的需要。银行经营与其他一般性企业经营相比，具有明显的规模经济特征。这种特征来自账户规模扩大带来的交易便捷性、服务网络扩大带来的服务便利性、客户规模扩大带来的资金成本优势、IT 系统集中建设带来的边际成本优势，同时大型银行还更容易吸引高素质的员工，容易与政府建立良好的政银关系以获取政策支持，而规模庞大的银行还容易获取客户的信任，而这对以信用经营为核心的银行来说是极为重要的。第二，经济高度发展的需要。中国金融体系是以间接融资为主的体系，银行扮演着中国金融体系的关键角色。因此，中国动辄双位数的经济增长率需要中国的银行体系提供相应的金融支持。这既为中国银行业的规模扩张提供了机遇，同时也是中国银行业作为融资主渠道的责任所在。第三，规模扩张等同于盈利增长。长期以来，中国推行渐进的利率市场化进程。在利率管制背景下，规模扩张等同于盈利增长，因此，从银行的企业属性出发，从股东利益最大化角度看，银行全力扩大其规模符合商业的逐利逻辑。

以规模为导向的发展模式为经济下行期银行的经营困境埋下伏笔。第一，规模的过度扩张致使大量资源投向非核心业务，银行业务的单位绩效下降。第二，规模的过度扩张容易带来成本中心的膨胀，冗员沉积，人浮于事。第三，规模的过度扩张容易带来组织机构设置的无序扩张，继而带来组织职能的混乱与冲突，冲击银行的运行效率。第四，规模的过度扩张削弱了培育风险识别、精准营销、利率定价等内涵性能力的动力。第五，一些银行为了释放市场规模、追求短期财务表现，悄然降低风险底线，改变风险偏好。第六，风险资产的无序扩张加大了资本消耗，加大了经济下行期的资本压力。

传统框架内创新动力和创新绩效的衰减

中国银行业从 20 世纪 80 年代和 90 年代逐步推动企业化以来，

逐步走上创新发展的快车道。尽管在这期间，很多银行并未提出所谓的创新战略，但向国际先进银行学习，不断进入新兴业务领域，在事实上赋予了中国银行业创新发展的内在动力。

从客户领域的创新看，传统上中国银行业的主要客户是对公客户，后来，中国银行业开始重视零售客户，零售客户不再只是存款资金提供者的角色，再后来，机构客户从对公客户中被分离出来。而从20世纪90年代后期以来，中国银行业的资源配置进一步向大行业、大城市、大客户和高端客户倾斜。在业务内容的拓展上，相应过程可以分为三个阶段。一是以对公业务为主、简单个人业务为辅的业务发展阶段，这主要是20世纪90年代中期以前的业务阶段。二是住房金融、信用卡业务、投行业务的发展，这主要是21世纪前10年中国银行业务拓展的主要阶段。三是次贷危机后，金融市场、资管业务获得快速发展，同业业务开始崛起，以现金管理为主要内容的交易银行闯入人们的视野。最近一两年，信用卡和住房抵押贷款以外的消费贷款业务开始快速增长。在渠道领域，网点的广泛布设是各银行零售银行发展的序幕，之后电话银行的出现，提升了客户的体验，再之后网银、手机银行、自助设备的进一步发展，不仅实现了银行服务的泛在性，它们也成长为银行服务的主渠道。回顾上述历史，不难看出，每一个历史阶段，每个领域的先行者往往在该领域确立了竞争优势。它反映了中国银行业浅层次创新所形成的同质化竞争问题，同时也凸显了先行优势在中国银行业竞争中的重要意义。简言之，中国银行业的创新史，就是中国银行业不断进入新兴空白领域、不断完善自身服务的过程。也就是说，蓝海战略是中国银行业过去几十年创新发展的核心驱动机制。

不过，建立在既有经营体系下的单一经营要素领域的蓝海战略，其绩效已经大不如从前。从客户领域看，中国主要银行已经在所谓的

“三大一高”客户领域形成某种均势。下一步中国银行业拓展客户的蓝海在哪里？只能是与“三大一高”相对应的客户群体：三农客户、小企业、部分没有被信用体系覆盖的个人。但显然，以目前中国银行业的经营体系，上述新蓝海的绩效不容乐观。从业务领域看，中国银行业一方面积极完善自身的业务体系，另一方面还以子公司的形式，在投资、基金、信托、人寿保险、财产保险、租赁、期货等业务领域进行布局。总体而言，中国银行业全能化银行的布局已经基本成形。在现有客户体系下，业务类型拓展也趋于饱和。从渠道领域的创新看，长期以来，网络银行的建设和发展秉承渠道理念。但随着网络银行主渠道地位的确立以及功能的日趋完善，渠道思想和渠道定位将越来越对网络银行的发展形成束缚。

未来，在相当长时间内，中国银行业潜力巨大的蓝海市场仍然存在。由蓝海市场驱动的创新发展仍将在中国银行业的创新发展中扮演重要角色。但与以往不同的是，未来对蓝海市场的拓展需要银行各经营要素整体、协同创新与变革。从根本上说，过去中国银行业的创新发展，是在现有框架内的经营要素的创新，但在新蓝海战略上，全部经营要素的整体、协同创新意味着对现有框架的颠覆——新型银行的诞生与发展，这是对既有银行框架的革命。

第三章　新金融逻辑：迫近的战略威胁

旧的体系，作为既有的胜利者，看中资源。
新的体系，作为初生者，更看中方法。
这是新旧体系在新体系初生时和谐并存的奇妙存在，
两者似乎并没有太多的纠葛和冲突，
但一旦新的体系成长起来，
就会荡涤一切，包括所谓的资源。

传统上，中国银行业是一个垄断竞争市场，尽管有竞争，但大的格局总体稳定。大家在相似的商业逻辑下，抢客户、拼渠道、复制同业产品，在各自的“同业圈”对标同业（国有大行盯着国有大行，股份制银行和股份制银行较劲）。本来这样的日子倒也平静，但互联网巨头跨界金融改变了这一切。新业态、新理念、新模式、新技术带来新逻辑，悄然间，新金融已经兵临城下，并已经通过平台化战略打开金融服务的体系之门。面对未来的战略威胁已经逼近，新金融一方面意图通过生态战略，整合垂直场景，进军国际市场和农村市场，布局金融基础设施，打造全产业链金融服务体系和生态体系；另一方面意图通过金融科技化战略，把金融科技作为金融生态体系的基础能力和资源整合的抓手。整体看，尽管新金融在大多数领域还未与传统银行短兵相接，但新金融战略的影响是深远的，它直指中国银行业的未来格局。新旧逻辑的碰撞已经开始，新旧主体的短兵相接并不遥远。

平台化竞争的现实威胁

第三方支付是互联网金融最为成功的领域。互联网巨头通过第三方支付工具的平台化，突破了传统银行业务体系的大门。

来自互联网金融的平台化竞争

蚂蚁金服、腾讯下属的金融业务、京东金融是目前发展最快的互联网金融。其中，蚂蚁金服脱胎于第三方支付领域的支付宝。支付宝最初是淘宝网担保交易的信用管理机制，随着支付宝虚拟账户体系的建立，逐步演化成淘宝网的支付工具。而随着支付宝走出淘宝网，其逐步进化为独立的第三方支付工具，随着网上商家的不断拓展，尤其是公共缴费业务的上线以及快捷支付产品的推出，支付宝在网络小额支付领域成为绝对的霸主。最近几年，支付宝大力布局移动支付，推出支付宝钱包，推广条码和二维码支付，占据了移动支付市场的大半壁江山。与此同时，阿里在支付宝的基础上相继推出互联网理财业务、小额贷款业务、网商银行以及芝麻信用，由此诞生了中国目前估值最大的互联网金融企业——蚂蚁金服。相对于传统银行的竞争模式，互联网金融的平台化竞争模式具有如下特点。

第一，与场景的高度嵌入。支付宝诞生之初，就被嵌入淘宝网电子商务的流程之中，可以说支付宝一开始就具有极强的场景基因。支付宝独立成为第三方支付后，业务发展仍然秉承的是场景拓展策略。支付宝扩张的过程就是支付宝对新的场景嵌入的过程，这些场景包括非阿里系的电子商务网站、行业市场、商超、公共服务缴费。公共服务缴费产品的上线对支付宝的意义巨大，它意味着支付宝已经高度嵌入居民的日常生活场景，具有极大的客户黏性。而在这种场景的拓展中，支付宝作为一种支付工具，也完成了从统一支付接口向行业定制化支付解决方案的进化。而随着第三方支付大战从线上转到线下，从网上支付转到移动支付，以支付宝与微信支付为代表的第三方支付场景争夺异常激烈。为拓展场景，支付宝资本介入打车软件“快的”，腾讯入股“滴滴”。随着竞争的加剧，移动支付迅速占领全国的大型商场、超市、酒店、零售门店、餐厅、机场、加油站等线下消费场景。几年间，支付宝和微信支付已经嵌入中国人线下生活中的众多领域。

第二，线上线下高度融合。互联网金融的营销模式，并非局限于线上，与传统金融“划江而治”，这其中包含两层含义。一是互联网金融尤其是第三方支付，在时机成熟后，往往积极进军线下市场。2009 年，中国进入 3G（第 3 代移动通信技术）时代，同年 5 月，支付宝推出手机客户端，正式进入手机支付业务推广阶段。2013 年年初，支付宝手机客户端更名为支付宝钱包，整合了付款、转账、手机充值、信用卡还款、公共服务缴费、扫码支付、个人账单和优惠卡券等功能。与此同时，支付宝成立线下推广团队，积极拓展全国大型连锁商超等市场。在系统重构和市场推广的双重推动下，支付宝钱包大范围整合了线下实体消费服务，涵盖了银行、通信、缴费、医疗、旅行、投资以及社交等场景，各类时尚生活消费品牌入驻支付宝钱包公共服务平台，全国超过 600 家重点三级医院的挂号资源也接入平台。2016 年在央行重启二维码支付之时，支付宝通过大力度的补贴、营销，形成了强大的客户黏性。2017 年第一季度，支付宝占据国内移动支付市场的半壁江山，微信支付以近四成市场份额居第二位，国内移动支付市场呈现出双寡头的垄断格局。二是互联网金融在拓展线下业务时，并非割裂线上与线下的联系，而是将线上与线下的业务发展进行有机融合。最典型的例子就是支付宝联合口碑平台与线下商家共同组织的“双 12 购物狂欢节”营销活动。支付宝通过自身绑定的 O2O 平台——口碑网（类似于大众点评网），将流量和数据从线上引入线下商家。而商家的促销活动又促进了支付宝线下支付业务的发展。支付宝的数据显示，中国每 2 家超市、每 4 家大型购物中心、每 10 家餐厅中，就有至少一家加入了“双 12”活动。①

第三，以客户体验为中心的经营体系。尽管银行和互联网公司都宣称以客户为中心，但互联网公司的主客观条件促使其贯彻得更为坚决，尤其是其对客户体验的关注。这取决于以下几个因素。一是互联网公司的竞争法则是“流量为王”，客户服务边际成本趋于零的特性要求互联网公司最大化其流量。二是互联网公司由于网络的集聚效应以及低成本特性，可以为广大的长尾客户提供有效的服务，这是提升广大客户服务体验的关键因素。以余额宝为例，它实现了零售资金的收益最大化，相对于门槛较高的银行理财，其几乎没有门槛，而且零费率，同时又不影响支付交易，即时申购和赎回，这都极大地提高了传统银行视之不经济的长尾客户的理财体验。三是互联网公司具有极强的迭代创新能力。互联网公司的创新文化、运营的 IT 系统、开发及时的管理流程，为其产品和服务快速迭代创造了条件，从而可以快速跟踪产品对需求变化的适应情况，迅速提升客户对产品和服务的体验。2013 年年初，阿里巴巴集团推动无线战略（All in，移动终端战略）实施，在此背景下，支付宝团队只用了 3 个月时间就完成了支付宝 7.0 版本的重构。为了给未来奠定平台化基础，技术团队完全改写

① 廉薇，边慧，等．蚂蚁金服：从支付宝到新金融生态圈［M］．中国人民出版社，2017。

了之前支付宝无线产品的代码，对几年的老代码进行彻底清理。几个月中，支付宝钱包迅速迭代更新，不仅增加了大量的服务功能，同时也大大增强了线上操作的便捷性。

第四，支付与综合金融服务的紧耦合。互联网金融通过三个途径实现了支付（账户）与综合金融服务的紧耦合。一是账户关联。以支付宝与余额宝为例，余额宝是名为天弘增利宝的货币基金，它内嵌于支付宝平台。在一般情况下，支付宝用户在余额里的钱是没有利息的，但用户可以将其转入到支付宝账户关联的余额宝中，从而获得利息收入。二是平台共享。转账、信用卡还款、余额宝（余额理财）、花呗（消费金融服务）等金融服务共享支付宝平台。一方面，支付宝通过支付（账户）在社会经济生活中的基础性作用以及附加的广泛的非金融增值服务，为蚂蚁金服的综合金融服务提供流量入口。另一方面，综合金融服务、非金融增值服务也进一步增加了支付宝平台的客户黏性。三是数据连接。数据是金融深度发展的基础，也是支付宝商户理解客户、开展针对性营销活动的前提。支付宝平台通过平台积累的细分场景数据，为体系内的综合金融服务提供用户画像，从而为蚂蚁金服的精准营销、差异化风险定价以及风险控制提供了基础，同时支付宝平台还可以将处理后的（不泄露客户信息）数据提供给外部合作商户做营销支持，从而提高合作商户营销的精准性。正是账户、平台以及数据的紧密连接，支付宝才成为集客户、场景、数据、产品、服务为一体的平台系统。

失守的体系之门

互联网巨头通过第三方支付尤其是移动支付，展现了互联网时代的金融竞争逻辑，这种逻辑在普惠金融和长尾客户服务领域具有较强的现实意义，这对传统银行形成明显的竞争压力。

第一，银行账户服务体系的边缘化、底层化。在银行的竞争逻辑中，账户意味着客户潜在业务资源的归属。在互联网金融的小额网络支付与移动支付竞争中，大量的客户资源和零散沉淀资金流向互联网巨头。随着竞争的发展，银行账户逐步成为社会账户的底层体系，而互联网金融的支付结算账户则逐步取代银行账户而处于直接对接各种金融服务的基础账户体系，在这一服务链条中，互联网金融账户占有更多的主动权，赢取了更多的金融收益。在这种情况下，简单追求开户率，对银行已经意义不大。银行已经不再是账户的独享者，追求的已经不再是客户排他性的在本行开户的问题，而是在客户的账户体系中如何居于核心服务者的地位，这既是银行间竞争的结果，更是来自互联网金融的平台化竞争的结果。从现实看，在普惠金融和长尾客户服务领域，银行正在走向边缘化。

第二，场景化获客、活客对传统渠道价值的削弱。银行通过网点的便捷性获取客户，客户开立账户、购买金融产品，但互联网金融将互联网、移动互联网与具体的场景紧密结合。网络无时无刻无所不在的泛在性所带来的便捷性远胜过网点的便捷性，而场景相对于网点则具有更强的客户黏性。在不同场景中，不同客户被有效分类、分层，从而为互联网金融的精准营销、差异化风险定价以及基于风险成本有效降低的低价策略创造了条件。而这是银行传统物理渠道所无法实现的，尤其是银行在活客环节，弱势将日趋明显。

第三，以客户体验为中心的新的经营体系对传统银行经营体系的挤压。互联网金融通过重视普通客户的需求、加强产品和服务的快速迭代来提升客户体验的经营体系对传统银行更重视高端客户、以产品营销为主、对市场反应迟缓的经营体系是一种彻底的颠覆。短期看，两种体系因为针对不同客户群体而和谐共存，但由于普惠金融和长尾客户竞争的蓝海性质以及巨大的增长潜力，互联网金融的成长必然会不断压缩传统金融的市场空间。不仅如此，体质逐步强健起来的互联网金融注定会在一定的时点直接进军传统银行的客户体系，并将互联网的思维和竞争逻辑施加给传统银行。彼时，确实是“如果银行不改变，我们就改变银行”。

第四，平台化下的金融渗透与混业经营优势。互联网金融所具有的平台逻辑，使其向金融细分领域渗透和扩展成为一种必然的趋势，但互联网金融的综合化与银行的综合化具有很大不同。在分业经营的体制下，银行的综合化通过子公司来实现，而集团内的协同效应主要通过母子公司联动来实现。与之相对应，互联网金融各细分金融业务尽管在治理上也以母子公司的形态出现，但在运营和营销上，则紧耦合于统一的共享平台。以蚂蚁金服为例，其各子公司业务往往统一布设在支付宝平台。由于平台所实现的协同效应，互联网金融各项细分金融业务事实上实现的是混业经营的效果，这种效果远大于母子公司联动（事实上，目前各家银行系金融控股集团内部的母子公司联动大多是令人头痛的难点），而这也将对传统银行形成混业经营的竞争压力。

互联网金融通过第三方支付占领了中国小额网络支付和移动支付的市场，并建立起庞大的账户（客户）体系，目前支付宝和微信支付的个人客户数都已经超越了国有四大银行任何一家的客户数。庞大的账户体系为互联网金融进一步向银行乃至全能金融机构进军奠定了基础。不仅如此，在普惠金融和长尾客户服务领域，互联网金融还占据着竞争上的优势——场景嵌入优势、客户体验优势、产品开发迭代优势、混业经营优势。可以说，通过支付大战，以蚂蚁金服和腾讯金融为代表的互联网金融已经打开中国金融体系，尤其是银行体系的大门。

当然，银行体系大门的洞开，并不意味着互联网金融马上就可以直接对传统银行造成威胁。互联网巨头进军银行体系，还存在若干资源、环境和能力的障碍。资源方面，主要是牌照资源、资金资源、人力资源。环境方面，主要是社会信用体系。能力方面，主要是基于时间周期所积淀的风控能力（风控能力既取决于技术，也取决于数据的积累，而后者需要基于周期的迭代）以及适应监管的合规能力。也正是因为如此，互联网金融进军传统银行体系的战略布局仍然无法停止。而打造生态、拥抱金融科技，则是互联网金融在支付大战基础上进一步打造的竞争战略。

新金融生态的战略布局

平台化为互联网巨头的金融之路打开了大门，但要进一步巩固自身的竞争优势，短期内扫除自身金融之路的障碍，互联网金融在进一步开发潜在市场、拓展平台对场景嵌入的同时，还需要通过股权投资和战略合作整合内外部一切资源，改造自身所需要的金融基础设施环境，进一步完善综合金融服务体系。简言之，互联网巨头的金融之路，就是重建金融生态的过程。目前，蚂蚁金服、腾讯、京东金融等互联网巨头正处于构建新金融生态的布局阶段，一幅恢宏的立体战略画卷正徐徐展开。

资本运营下的垂直场景整合

为了巩固第三方支付平台、增加客户黏性以及获取金融经营所需要的深度数据，拓展支付的场景、将更多的垂直场景嫁接到第三方支付平台上就成了竞争的焦点。在这方面，蚂蚁金服和微信支付的战略最为清晰。

目前，支付宝正在被打造成蚂蚁金服的“线下淘宝”，即生活服务类平台，餐饮、娱乐、生活服务等各类商户都可以直接接入支付宝。衣食住行是每个人的日常生活，尤其是食和行的相关服务市场，是获客和活客的关键领域。为此，蚂蚁金服对以食和行为主的生活场景进行了重点的布局。

在“食”的场景方面，2015 年 6 月，蚂蚁金服投资口碑网，同月投资了雅座在线，2016 年 4 月投资了饿了么。2016 年 7 月，蚂蚁金服又投资了二维火，二维火成立于 2013 年，专注于餐饮云收银系统。雅座在线成立时间早，于 2006 年成立，它以会员系统管理切入餐厅 SaaS（软件即服务）系统，二维火则是以支付为切入点。分析 SaaS 系统所收集的经营流水数据，蚂蚁金服可以更加精准判断商家的信用情况，这与蚂蚁金服相关小额贷款产品的策略非常契合。先通过信息化绑定餐厅以获取经营流水数据，由此做金融衍生业务，再基于这种深度合作回馈到布局场景，这可能是蚂蚁金服投资雅座在线和二维火的逻辑。

在“行”的场景方面，蚂蚁金服联合阿里巴巴投资滴滴出行。在娱乐方面，其投资了阿里影业旗下的互联网售票平台淘票票。其中，滴滴出行与淘票票出现在支付宝 9. 9 版本的首页入口中。另外，蚂蚁金服在 2016 年 9 月与春华资本联合投资百盛中国。

与蚂蚁金服相似，作为以网络社交起家的互联网巨头，腾讯也没有放慢移动支付领域攻城略地的步伐。腾讯已经和滴滴打车、大众点评、京东建立合作，为微信支付添加了出行、饮食和购物等丰富的支付场景。

生活场景的进一步拓展，是互联网巨头“连接一切”战略的重要内容。嵌入人们生活方方面面的互联网金融服务，代表的是无时无刻无所不在的便利性、全新的客户体验以及与场景高度契合的差异化服务，它一方面在客户营销方面构筑起互联网巨头相对于传统银行的巨大优势；另一方面通过场景数据的积累，为互联网巨头的深度经营——风险防控、差异化风险定价奠定基础，它是互联网巨头构筑生态竞争的重要环节。

国际化和农村市场拓展

场景拓展是互联网金融在垂直方向的战略拓展，与纵向扩展相并行的是互联网金融在横向市场的战略拓展。这主要有两个方向，一是国际化布局，二是农村市场的拓展。这些市场的拓展有助于巩固互联网综合服务的能力，比如拓展支付的跨境使用。一些境外后发市场以及国内的农村市场，对于中国金融业而言，还是潜力巨大的蓝海市场。这些领域的战略布局，为互联网金融的长期可持续发展奠定了基础，是互联网金融巨头生态化竞争的重要战略举措。

（1）国际化布局。蚂蚁金服的国际化布局主要遵循以下两条主线。一条主线是通过国际化，拓展支付的跨境入口，提高支付宝跨境服务功能，进一步提升客户使用体验，增加客户黏性。从 2014 年 10 月成立起，蚂蚁金服就以自己最擅长的支付为入口，加大对各类境外线下场景的布局。蚂蚁金服的全球化布局主要覆盖中国人出境旅游的主要目的地国家。目前，支付宝在日本、韩国、泰国、新加坡、法国等 70 多个国家和地区接入近 7 万个线下商户，涵盖餐店、超市、便利店、免税店等，并向境外退税、境外公交卡、优步（Uber）境外打车等领域迅速渗透。另一条主线是通过跨境投资输出自己的资本、技术和商业模式，打破所在国的贸易壁垒和规避合规风险，有效拓展广大的新兴市场。这包括蚂蚁金服投资入股印度的一家支付公司，以技术入股方式参与韩国第一家互联网银行的筹建，收购泰国支付和小贷公司，向菲律宾和韩国的互联网金融公司注资，又与印尼的相关机构合资成立移动支付公司。

（2）农村市场拓展。当前，农村市场已经为互联网巨头们所重视，并进行了一系列的战略布局。2015 年 12 月，蚂蚁金服入股邮储银行，2016 年正式成立农村金融事业部并入股中和农信。蚂蚁金服计划用三年时间，与合作伙伴一起，为 1 000 个县提供综合金融服务，提供累计 1 万亿元的信贷。京东及其金融板块也积极布局农村电商以及农村金融。2015 年 9 月，京东金融发布农村金融战略，公布为农村市场打造的消费信贷产品（“乡村白条”）、农村信贷品牌（“京农贷”）和农村理财产品。目前，京东已经建成覆盖 27 万个行政村，涵盖 1 500 多家县级服务中心、1 500 多家京东帮服务店、27 万名乡村推广员的农村市场服务体系。

相对于城市市场，互联网农村金融是一个从零开始的领域。这个领域要从发展互联网金融所依托的电商场景开始，在探索适合农村的互联网金融服务模式的同时，还要在金融服务的过程中逐步建立起关于广大农民客户的征信体系。以蚂蚁金服为例，其对农村市场的开拓可以分为两大环节。

第一个环节是配合阿里的“村淘”计划，通过支付宝搭建金融服务的平台。“村淘”计划，又叫“千县万村”计划，阿里巴巴拟通过与各地政府合作，以电子商务平台为基础，在县村各级设立农村淘宝服务站，发展农村淘宝合伙人。“村淘”合伙人通过支付宝帮助村民实现网上代买代卖、代缴水电煤气费、代收快递、预订酒店、购买出行车票等，实现网货下乡、农产品进城以及农村网上生活服务。支付宝的支付和民生服务，在沟通城乡的同时，也帮助大量无信用记录的农民积累起互联网信用，为享受更便捷的普惠金融服务奠定了基础。

第二个环节是积极探索适合“三农”的金融服务模式。具体而言，它主要有三种模式：一是针对淘宝电商和“村淘”合伙人开展的批量化、自动化的授信和贷款模式，二是针对普通农民的“线上流程操作+线下熟人调查”的信贷模式，三是将电商、金融与农产品生产有机结合形成的农产品供应链金融闭环体系（具体内容详见第八章中农村金融业务模式探索相关内容）。

布局金融基础设施

（1）切入金融行业的后端。典型的例子是蚂蚁金服入股恒生电子。恒生电子是中国最大的金融IT解决方案提供商，是目前中国的龙头金融IT企业。恒生电子证券集中交易系统市场份额为44%，在银行综合理财平台市场占有率为75%，在基金、保险、信托投资交易管理系统的市场占有率分别为90%、88%和86%。

（2）以市场化的方式切入社会征信体系建设。以央行征信中心为主体的征信体系，主要覆盖有信贷记录的主体，但是中国有征信数据的人只有3亿左右，很多人没有信用记录。因此，个人征信是中国亟待建设的金融基础设施。当前，互联网平台和大数据技术的发展为个人征信体系的建设提供了条件。大数据征信、云评分的方式将成为中国普惠金融的必然选择。也正是如此，2015年，管理机构向芝麻信用、腾讯征信等具有平台和技术优势的民间机构打开业务试点的闸门。目前，芝麻信用已经推出针对个人的芝麻信用体系。

芝麻信用解决的是经济信用的评价问题，它由信用历史、行为偏好、履约能力、身份特质、人脉关系等维度评价构成，数据来源除了阿里系的淘宝、天猫、支付宝、花呗、飞猪旅行，还有数百个数据合作伙伴。芝麻信用背后是7×24小时在线运算能力、机器学习算法和大数据挖掘等技术。芝麻信用覆盖的人群是很多传统征信机构未能覆盖到的草根人群，如学生、蓝领、个体户、自由职业者，为零征信人群填补了信用空白。

芝麻信用除了应用于金融信贷服务，还陆续在上百个场景（如租用共享单车、医院挂号、租车等）为用户、商户提供信用服务。芝麻信用通过信用免押金机制和失信黑名单共享机制建立起与各类场景的战略合作关系（例如芝麻信用与神州租车合作，信用分达到一定程度可以免押金租车，而具有不良信用记录的人则被拒绝使用租车服务），在提升场景的增值服务水平的同时，也促使了蚂蚁金服体系对场景的拓展、对客户的获取以及对场景数据的占有，为进一步深度经营创造了条件。更为重要的是，芝麻信用通过正向激励机制和惩戒机制让普通民众感受到信用的价值和力量，而芝麻信用场景拓展的过程，就是打破信用信息孤岛、不断把普通民众纳入信用体系的过程。

全金融产业链发展

互联网巨头跨界金融，在各自领域取得成功（例如蚂蚁金服和腾讯在支付领域获得成功，京东在消费金融领域的产品“京东白条”的成功）后，最终都将金融全产业链布局作为自身内生发展和对外投资的战略方向。

支付、互联网理财、小微企业贷款、个人贷款是蚂蚁金服主要的自营业务，在此之外，蚂蚁金服还通过在大金融行业广泛的投资构筑起金融控股集团的雏形。2013 年 9 月，“三马”联合成立众安保险公司。2013 年 10 月，蚂蚁金服前身小微金服以 11.8 亿元持有天弘基金 51% 的股份，成为天弘基金最大的控股股东。2015 年 8 月，蚂蚁金服领投校园消费贷款公司趣分期（目前由于一系列校园贷公共事件的爆发，政策收紧，趣分期将目光投向校园外的消费金融市场，并更名为趣店集团）。另外，蚂蚁金服还分别投资了互联网金融资产交易平台网金社、开放式基金在线销售平台数米基金网、台资财产保险公司国泰产险、股权类互联网金融平台 36 氪、权益类资产交易平台天津金融资产交易所、社交组合证券投资平台金贝塔，其中数米基金网与国泰产险都是由蚂蚁金服控股的。

与支付宝及蚂蚁金服相比，京东金融起步相对较晚，但发展迅速。京东金融成立于2013年10月，2016年1月获得A轮投资，共计人民币66.5亿元，融后估值约466.5亿元人民币。2017年，京东金融被从京东集团剥离。短短数年，京东金融已经构建起覆盖多个领域的综合金融服务的业务体系，具体而言，主要包括以下内容。

第一，供应链金融。京东金融通过“京保贝”“京小贷”“动产融资”“企业金库”等产品向京东生态圈以及外部合作平台上的中小企业提供供应链保理融资、信用贷款动产抵押融资以及企业理财服务。第二，消费金融。京东金融通过“白条”“金条”“小白卡”等产品向京东体系内外的消费者提供消费贷款、现金贷款、信用卡等金融服务。第三，财富管理。京东金融通过“京东小金库”等产品向用户提供理财服务，并上线金融机构自运营平台“京东行家”。第四，众筹业务。京东众筹成立于2014年7月，目前已经升级为包括产品众筹、互联网非公开股权投资、京东金融众创基金、暖冬公益的众筹众创的生态体系。第五，支付业务。目前，京东金融实现了京东支付与白条支付、小金库支付功能的整合，用户支付时可以在卡支付、信用支付和理财余额支付之间自由切换。第六，保险业务。京东金融保险事业部依托京东生态圈向用户提供多类互联网保险保障服务，如向京东商城活跃用户提供账户安全险、已覆盖超过10万件商品的延保险。同时，京东金融保险事业部推出了“分期+免息车险”产品、“车联网+金融”服务平台计划等行业创新产品和业务。第七，证券业务。2015年5月，京东金融进军证券领域，目前已推出多款产品，包括京东金融ABS云平台、京东金融大数据消费指数、京东金融量化策略开发平台。ABS云平台包括三大类服务，即资产证券化服务商的基础设施服务、资产云工厂的资本中介服务和夹层基金投资业务。2017 年 3 月，区块链技术在 ABS 云平台的资产云工厂中得到运用，极大促进了消费金融市场 ABS 的发行效率。第八，农村金融。围绕“农产品进城，电商下乡”，京东金融通过“京农贷”“农村众筹”“乡村白条”“农村理财”等产品为农村市场提供多元化的金融服务。

与传统金融的战略联姻与广泛合作

百度与中信银行于 2016 年达成战略合作，共同设立直销银行。阿里与建设银行则于 2017 年 3 月签署战略合作协议，共同推进线上线下渠道业务和电子支付业务的合作、客户资源与信用体系的共享。随后，京东集团牵手中国工商银行，将在金融科技、零售银行、消费金融、企业信贷、校园生态、资产管理、个人联名账户乃至电商物流等方面，展开全面合作，同时还将打通线上和线下。百度牵手中国农业银行，腾讯牵手中国银行。公开资料统计，截至目前，阿里已经与 11 家银行开展战略合作，腾讯和百度均为 7 家。作为近几年快速发展的互联网巨头，与传统金融机构的合作成为京东金融发展的重要助推器。京东金融与传统金融的业务合作广泛而全面，主要包括以下内容。

第一，通过与传统支付机构合作，京东金融迅速扩大自身支付体系的发展。2016 年 9 月，京东金融推出“白条闪付”，覆盖全国 1 900 万台银联闪付 POS 机（销售点终端机）、800 多万家线下商户，实现线下消费金融场景搭建。2017 年 1 月，京东金融与中国银联在北京签署战略合作协议，宣布京东金融旗下支付公司正式成为中国银联收单成员机构。2017 年 5 月，京东金融与中国银联宣布合作完成了区块链技术底层打通并测试成功，即二者合作的联盟链诞生了。2017 年 7 月，京东金融上线基于银联“云闪付”NFC（近场通信）模式的

“京东闪付”。

第二，京东金融联合多家银行发布联名信用卡。2016 年 8 月，京东金融联合中信银行信用卡中心推出联名信用卡“小白卡”。2017 年 2 月，京东金融与民生银行合作的联名信用卡“小白卡”上线。2017 年 3 月，京东金融联合光大银行发布了光大“白条”联名信用卡。2017 年 6 月，京东金融联合华夏银行、上海银行、北京农商银行、广州银行等四家银行分别推出了“白条”联名卡。2017 年 7 月，京东金融和招商银行宣布联手推出“招行小白信用联名卡”（将小白信用和金融机构提供的用户信用权益相结合，通过小白信用联名卡使年轻人对接传统金融信用体系）。

第三，京东金融与银行合作建设直销银行。在直销银行的系统建设、运营以及营销方面，京东金融实现了将京东“开普勒”系统接入北京银行、民生银行、农业银行的移动 App（应用程序），为其搭建电商场景，为后续输出消费金融业务打下基础。[①]

第四，京东金融通过与农信社合作，开拓农村市场。2017 年 7 月，京东金融与广东省农村信用社联合社宣布签署战略合作协议，双方将在数字金融平台搭建、京东云、资产管理、农村金融及电商物流等领域展开全面合作。

科技赋能下的行业竞争图景

在国家对互联网金融行业进行整顿治理以及金融科技发展日新月异的背景下，跨界金融的互联网巨头纷纷将自身定位调整为金融科技公司，蚂蚁金服将自身定义为“TechFin”（科技金融），而京东金融

---

① 牵手 400 家银行，京东金融争做行业超级“服务商”［N］. 上海证券报，2017－07－10。

则将“成为一家世界级的伟大科技公司”看作自己的初心，尽管说法有差异，但两者都将“科技赋能金融”作为自身的战略发展方向。尽管这样的调整难免有为自身创造更好监管环境和舆论氛围之嫌，但就互联网巨头的长期发展而言，科技化仍是其金融战略的重要环节，是其平台战略与生态战略的关键支撑，并将对传统银行业的行业图景产生深刻的影响。

从模式驱动到科技赋能

在互联网巨头跨界金融所取得的惊人发展中，商业模式创新在其中扮演着关键角色。无论是支付宝的第三方信用管理功能、支付宝快捷支付、余额宝对传统银行理财产品的颠覆，还是二维码支付低设备要求对场景的覆盖，商业模式创新都驱动着蚂蚁金服的每一段成长。与之相似，微信红包则实现了腾讯对第三方支付的有效切入，奠定了腾讯金融发展的基础。而“京东白条”则通过对京东商城电商场景的嵌入，以“赊账”的概念实现了京东对消费金融的涉足。但随着互联网巨头进入金融的核心领域（如信贷领域），以及直面金融（银行）业的竞争与合作，商业模式创新必须通过金融科技创新和应用来实现。也就是说，互联网金融从模式驱动时代进化到了科技赋能时代。互联网金融的科技战略包括以下三个方面的内容。

第一，布局金融科技的基础性研究。在模式驱动时代，互联网巨头也积极应用信息科技，但当前的金融科技应用有其具体含义，本轮金融科技浪潮是第四次全球科技革命的重要组成部分，其主要是指大数据技术、云计算、人工智能、区块链等技术。其中很多技术还不成熟，尽管如此，由于这些技术对金融行业具有潜在颠覆意义，因此，基础性研究和应用型研究同样重要。所以，各互联网巨头在积极探索金融科技应用的同时，也积极进行金融科技的基础性研究。在 BATJ（B = 百度，A = 阿里巴巴，T = 腾讯，J = 京东）四大巨头中，百度以技术能力见长。百度金融科技致力于成为一家真正意义上的金融科技公司。目前，百度建有百度深度学习实验室、百度大数据实验室、百度硅谷人工智能实验室等全球三大实验室。而传统以模式创新见长的阿里巴巴也不甘示弱，2016 年 9 月，以 7 000 万美元收购了美国一家生物识别技术公司。2017 年 10 月，阿里巴巴集团宣布投入 1 000 亿元启动资金，成立从事基础科学研究和颠覆式技术创新的机构——达摩院。达摩院首批公布的研究领域包括量子计算、机器学习、基础算法、网络安全、视觉计算、自然语言处理、人机自然交互、芯片技术、传感器技术、嵌入式系统等，涵盖机器智能、智联网等内容。

第二，核心能力构建与底层赋能。当互联网金融巨头全面进入银行业时，其就面临着培育核心能力的问题，这主要包括两个方面的能力：一是风控模式及其能力，二是核心业务系统及其能力。蚂蚁金服通过金融科技应用，借由阿里小贷和网商银行等下属主体的摸索实践，逐步突破银行核心能力的构建瓶颈，为集团的业务拓展赋能。阿里小贷积极应用大数据分析和云计算等技术，依托阿里巴巴庞大的数据库，通过对模型的驯化、优化和调整，强化模型对区域、行业等情景的适应能力，逐步建立起自动化授信的体系和流程。网商银行是国内乃至世界上第一家完全去 IOE［国际商业机器公司（IBM）的小型机、甲骨文（Oracle）的数据库和易安信（EMC）的存储设备］、将核心系统架构在金融云上的银行，而这套核心系统基于阿里自主研发的金融云计算和 OceanBase 数据库。基于金融云计算平台研发的银行核心系统，让网商银行拥有处理高并发金融交易、海量大数据和弹性扩容的能力。金融云的另一个优势在于在保持高效的同时，可以大幅度降低运营成本。云计算和大数据实现的智能化构成了蚂蚁金服的底层能力支撑。

第三，优势互补与跨界赋能。互联网巨头，通过与传统商业银行进行广泛的战略合作，向传统银行输出科技能力。在四大互联网巨头与四大国有银行的合作中，科技合作就是其中重要的内容。百度与中国农业银行在智能获客、大数据风控、生物识别、智能客服、区块链等方面进行探索。而中国银行在与腾讯的合作中宣布“中行—腾讯金融科技联合实验室”挂牌成立，二者将基于云计算、大数据、区块链和人工智能等方面开展深度合作，共建普惠金融、云上金融、智能金融和科技金融。当前，对传统银行输出金融云服务是互联网巨头赋能传统金融的重要形式。阿里云于2015年年末正式发布金融云方案，并在2016年下半年升级成立“蚂蚁金服云”，即“蚂云”计划。腾讯于2015年正式发布金融云解决方案。与银行系金融科技公司依靠母公司同业资源和业务积累向其他中小银行提供云服务不同，以“蚂云”和腾讯金融云为代表的互联网系金融云，则更倾向于在开放技术的同时开放场景与流量资源。从技术应用的角度讲，金融云的技术服务包括存储、分布式计算、结构化数据、负载均衡、防分布式阻断服务攻击（DDoS），以及人工智能和区块链等内容。目前，腾讯、蚂蚁金服都投入重金发展人工智能与区块链等技术，成立各种攻关实验室，收入学术界巨擘，以期掌握原始技术，形成可持续发展的创新研发能力，进而开放大数据、自然语言处理、机器学习等能力，在数字营销、智能投顾、智能客服、生物识别、征信与风控等领域对传统银行进行赋能。

即将到来的逆袭的不对称竞争

当前互联网金融尚未对传统银行造成实质性威胁

第一，互联网金融总体处于业务模式、商业模式探索期，商业模式尚不成熟稳定。第三方移动支付发展迅速，但由于技术模式以及场景竞争尚未结束，本领域的商业模式尚未定型。至于互联网银行，两家标杆银行——网商银行和微众银行成立时间只有三年多，时间尚短。当前，网商银行实行“轻资产、交易型、平台化”的运行模式，并推出“网商贷”“旺农贷”等产品，但要真正获得稳定的商业模式，还有赖于大数据征信和风控体系的成熟。

第二，政策等因素的制约。目前，互联网银行通过人脸识别技术远程开户尚没有得到监管的放行。远程开户无法实现，互联网银行真正意义上的全业务环节的完全在线发展就无法实现，互联网银行的资金来源问题将限制互联网银行的进一步扩展，而账号体系无法健全又将限制银行基于账户的产品创新。另外，监管层对民营银行的发起设立、股东持股比例等方面有较为严格的限定，这些都限制了互联网金融的进一步发展。

第三，现实规模尚小。在互联网银行领域，截至 2017 年年底，网商银行和微众银行的资产总额分别为 781.7 亿元和 817 亿元，在银行体系里只能算是小型银行。在消费金融领域和互联网供应链融资领域，京东推出了“京东白条”“京保贝”等明星产品，截至 2016 年年末，京东金融消费信贷、供应链融资的期末余额分别为 253 亿元、116 亿元。真正对传统银行心理造成冲击的是余额宝的成长速度和规模。据天弘基金季度报告，截至 2017 年第三季度末，余额宝规模为 15 595.95 亿元，但目前其影响也仅限于心理层面。

第四，错位竞争。互联网金融目前主要定位于传统银行所忽视的那部分市场，即“二八”定律中的 80% 市场——小微客户市场、无信用记录的个人客户市场、农村市场，这事实上形成了与传统银行的错位发展格局。目前，互联网金融在移动支付领域占有绝对份额，2016 年年末，支付宝和微信支付合计占据了 87% 的份额，不过第三方支付只是在小额支付领域占有优势，在整个网络支付领域，2 342 万亿元的蛋糕，银行占据了 2 243 万亿元，第三方支付只有 99 万亿元。当然，这反映了管理机构对第三方支付的定位。同时，第三方支付规模背后的客户意义更不容忽视。但总体而言，除了移动支付领域，传统银行和互联网金融尚未实现直接对决。

科技化是互联网巨头深度介入银行业的开始

互联网巨头深度介入银行业取决于两个方面的进展：一是成熟的风控能力，二是从事传统银行的核心业务。风控能力又取决于两个因素的推动：一是技术，二是数据的积累。随着金融科技的发展以及互联网巨头对金融科技的积极应用，互联网金融风控技术瓶颈逐步被突破，生物识别技术已经成熟，大数据技术和云计算已经得到广泛应用。而随着电商和网络社交平台的发展以及互联网巨头对网络垂直场景和线下场景的渗透，互联网金融的数据，逐步满足了多维度、细颗粒等要求。当前，互联网巨头的数据积累已经有一定的时长，这又进一步满足了数据时间长度的积累。总体而言，互联网巨头的大数据风控技术和数据已经基本成熟（但社会化的数据供给、统一的平台等问题仍有待解决）。在业务领域，对于银行而言，支付结算只是其承担社会基础设施职能的重要载体，而其他中间业务的实际价值尚无法与存贷业务相比，因此银行的核心业务还是存贷业务。而随着监管层的放行，互联网巨头在存贷业务方面基本上扫除了障碍。当然，远程开户问题还限制着互联网银行的资金来源，但由于移动互联网和物联网的飞速发展，线上与线下的界限已经日渐模糊，相信远程开户只是时间问题。综上，在金融科技推动下，互联网巨头尽管目前还无法对传统银行造成直接的威胁，但其对中国银行业的深度介入已经开始。

科技化是以合作形态呈现的新竞争形式

相对于传统银行，互联网巨头跨界金融面临着多方面的资源短板。资金来源是互联网巨头发展的第一种制约资源，早期的小贷公司只能通过自有资金和资产证券化资金来开展业务，后来的互联网银行要好一些，可以通过同业业务来获取资金。渠道和经验是互联网巨头拓展特定市场所缺乏的第二种资源。当前，蚂蚁金服、京东金融、苏宁金融都将农村市场看作是重要市场，但相关市场高度依赖本地化的经营资源。也正是如此，蚂蚁金服与中和农信建立起战略合作关系。第三种是政策资源。在比较长的时间内，互联网金融因为没有被纳入和银行一致的监管体系中，从而获得了体系外的活力。但随着互联网金融整治的推进，互联网金融被体系认可，降低自身业务发展的政策风险就成了互联网巨头需要优先考虑的问题，这也是互联网巨头不断通过股权融资和对外投资强化与体制内机构关系的背后逻辑。第四种是品牌。传统金融机构在不同细分领域形成了一定的品牌效应，与这些机构的联合有助于扩大自身相关领域的影响力，比如互联网巨头与银行在信用卡领域的广泛合作。

互联网领域的机遇稍纵即逝，要抓住这些机遇，互联网巨头应迅速补上述短板，互联网巨头的基本战略就是通过自身在场景平台和流量入口方面的优势建立起广泛的合作关系，即以平台为基础，形成优势互补的生态闭环。例如互联网巨头提供电商平台入口和流量，商业银行提供资金。但在这样的生态体系，互联网巨头只是通过输出平台优势换取资金，它们与商业银行通过互利合作各取所需，与商业银行的地位也是相对平等的。同时，由于业务模式还是传统的方式，传统授信和传统风控这样的生态体系的潜能还是比较有限，比如阿里巴巴与建行、工行早期的合作模式。

当互联网巨头借由金融科技实现对自身平台以及生态的赋能后，情况就发生了根本性的改变。首先，由于大数据风控能力的实现，基于互联网生态的金融能力才真正得以展现。面对同样的客群，生态体系可以对体系以外的传统银行机构形成压倒性的竞争优势。其次，在这样的生态体系中，互联网巨头输出的不仅是场景平台、流量入口，还有大数据以及相应的风控技术。个别巨头还拥有自己的征信机构。在这样的生态体系中，互联网巨头已经占有绝对的优势，具有绝对的话语权。不难看出，互联网巨头借由金融科技所构建的生态体系，是一个由合作形成的对外竞争模式，同时在体系内，合作中又蕴含着互联网巨头与合作伙伴生态地位的竞争。BATJ 与银行的合作演进态势如图 3. 1 所示。

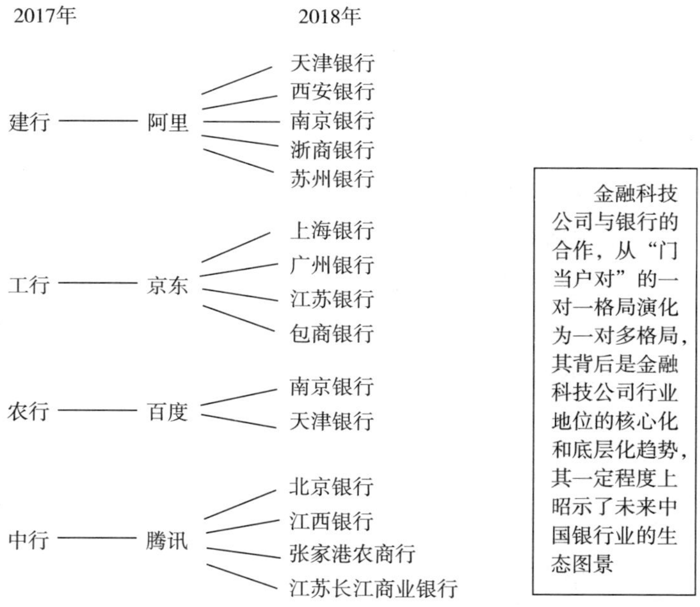

图 3. 1　BATJ 与银行的合作演进态势

逆袭的不对称竞争

互联网巨头跨界金融，在很长时间内为传统金融尤其是大型银行所轻视，在这些机构看来，互联网金融和传统银行根本不在一个量级，完全是一边倒的竞争。但随着互联网巨头在第三方支付领域获得成功，尤其是互联网巨头逐步形成平台化、生态化、科技化的竞争战略，一种新的不对称竞争有可能在不远的将来上演。不过可能令人唏嘘不已的是，这次竞争地位可能在传统银行和互联网巨头之间互换。

其一，由于互联网巨头占据了场景和流量入口优势，享有占有统治地位的移动支付平台，这些将形成互联网巨头的资源来源和资金成本优势。其二，互联网巨头自建征信基础设施，在与传统银行共享央行征信信息同时，还独享传统征信无法覆盖的人群信息，从而在征信信息领域对传统银行形成竞争压力。其三，互联网基因、分布式的 IT 架构，让互联网金融具有快速的市场反应能力以及产品迭代创新能力，从而使互联网巨头在产品创新以及客户体验提升上形成竞争优势。其四，互联网巨头目前进入的主要是非传统的蓝海市场，尽管它需要进行系统的商业模式创新，但该市场潜力巨大，相反，传统银行所依赖的核心业务的发展则面临着逐步放缓的巨大压力。

互联网巨头上述优势，在资源整合、互联网效应的推动下，有可能从根本上改变中国银行业的图景。尽管图景还属于未来，但我们看到支付宝和微信支付在 2 ~ 3 年里对移动支付市场的垄断、余额宝在短期内急剧膨胀，估计没有人会怀疑，传统银行的战略危机已经迫近。

新垄断竞争市场

传统银行业的稳态市场结构将被打破

中国银行业市场是一个由国有大型银行、股份制银行、城市商业银行、农村商业银行等机构构成的体系，它是介于寡头垄断市场和完全竞争市场之间的一种形态，并且在长期的竞争发展中形成了一定的稳态结构。垄断特征主要来自银行业的规模经济效益，大型银行通过广布于城乡的网点，占有了大量的客户，并带来资金成本优势，从而在信贷产品中形成差异性，进而获得垄断性。另外，大型银行的层级以及与政府的关系，也强化了这种垄断性，但这种垄断性是不完全的。首先，中国银行业市场规模巨大，地区差异明显，市场具有明显的分割性，各地方性银行深耕于地方市场，具有自身的特色，并与地方政府具有紧密的关系，最关键的是目前市面上的银行产品具有高度的可复制性。因此，整体看，中国银行业市场还具有相当的竞争性。其次，中国银行业市场是一个高度封闭的体系，民资进入银行业市场才刚刚被允许，它保障了这种垄断竞争态势成为一种相对的稳态结构。

不过，随着互联网巨头跨界金融，这种稳态结构则变得日益脆弱。互联网巨头借由平台化、生态化、科技化战略，可以逐步削弱并掌控传统大型银行过去所掌控的渠道、客户、资金、产品创新等优势，逐步担任原由大型银行所担任的角色。从这个意义上看，互联网金融也好，互联网巨头跨界金融也好，它们并不是中国银行业的对立面，而是传统银行，尤其是掌控了行业资源的大型银行的竞争者和颠覆者。这代表了中国银行业借由经营业态创新而实现的行业市场结构的重构。

新垄断竞争的形成

互联网巨头借由新金融逻辑所具有的优势，有可能成为中国银行业垄断竞争市场的新垄断者，这其中有若干不同的路径，同时，不同的路径对中国银行业的影响可能存在明显的差异。

第一，做大自营。互联网巨头通过广泛的对外合作，补自身的资源短板，围绕自身的经营平台构建生态闭环体系，在此基础上，大力发展自营业务。在这样的策略中，互联网巨头与合作伙伴是松散的合作关系，其市场定位主要是传统银行市场定位以外的非传统市场，如无信用记录的个人客户、农村客户等。这样的路径，可以培育起一个细分市场的新兴垄断者，但对原有市场体系的破坏程度较小。第二，做体系的主导者。互联网巨头在平台化、生态化、科技化战略中形成主导地位，与外部金融机构形成紧密的战略合作关系，通过生态化的对外竞争，获取生态链中的超额利润，而其他合作者则获取正常利润。第三，做体系的整合者。这种路径是互联网巨头在第二种路径的基础上，直接通过股权投资成为合作者的股东，整个生态体系事实上成了一个控股金融集团，但集团整体的发展还处于与传统银行巨头的错位发展之中。第四，做全功能的体系整合者。在这种路径下，互联网巨头控制下的控股金融集团由于规模的壮大、资源的富集，从而放弃错位发展的路径，而直接进军批发银行业务以及个人客户的中高端客户（所谓的20%客户）市场，从而与传统银行巨头进行直接对决。

客观地说，上述分类只是一种为了理清事实的模型化分析，是互联网巨头基于自身实力以及环境因素在不同历史发展阶段的策略选择。从市场经济的一般规律来看，第四种路径注定是互联网巨头跨界金融的最终形态。

中国银行业的未来图景

中国银行业的未来图景是监管、市场主体战略选择以及市场竞争的共同结果，从中国银行业发展的趋势来看，它应该包括以下几个特征。

第一，科技化金融机构引领体系。由于移动互联网、物联网以及大数据、云计算、人工智能对行业市场的深度影响，科技化的金融机构将占据场景、流量、数据、技术等综合优势，并通过生态闭环的构建，借由互联网“赢者通吃”的游戏规则快速成长为中国银行业新的引领者。当然，这些科技化的金融机构并非一定是指目前跨界金融的互联网巨头，它也可能由传统银行转型。但相对来说，互联网巨头更具有天然的优势，传统银行巨头则面临着巨大的挑战。第二，多层次、分工明晰的合作竞争。未来的银行业，由于线上和线下界限的消失，平台化、生态化竞争是基本形态，但平台和生态是有限的，因此基于平台和生态的广泛合作是竞争的主要形式。而竞争的焦点将更加细分化，除了具有跨场景意义的统一平台（比如支付平台）之外，垂直场景将成为各生态系统、各银行争夺的焦点。第三，新垄断竞争。未来的银行业市场仍然是垄断竞争市场，但不同于以往的是，中国银行业市场将从个体垄断向更紧密的战略联盟与控股金融集团主导的生态垄断发展。垄断者超额利润的产生不仅是因为产品的差异性，更多取决于在生态链中的地位。

第四章　中性的科技，不中性的未来

科技革命看似是大数据、云计算、人工智能、物联网、区块链等新技术的比拼，但其重点和难点并不在于科技本身，而在于科技背后的思维、体系和路径。

金融科技的快速发展，既给传统银行发展带来威胁，也带来机遇。互联网巨头利用金融科技跨界金融给传统银行带来前所未有的压力，但科技是中性的，传统银行也可以充分利用金融科技，对接新金融逻辑。所谓的新金融逻辑，其本质就是互联网和金融科技的逻辑。不过，与天生具有互联网基因、初涉金融的互联网巨头不同，对于拥有既定科技应用思维、经营体系以及体制机制的传统银行而言，金融科技却不是中性的。对待金融科技带来的威胁与机遇，中国银行业亟待解决三大问题：一是如何从战略上看待和回应当前的金融科技浪潮，传统的应用思维是否有效；二是如何建立金融科技深度应用的载体和驱动机制，当前逻辑框架的绩效如何；三是如何实施金融科技的应用，传统的方法是否可行。

传统思维的潜在危机

银行应用科技并不是新鲜事，自从电子计算机诞生以来，银行业就是IT应用的重要领域。也正是因为如此，传统银行对科技及其应用是有其固有的态度和一般性的思维的。但是历史并非过去的简单重复，长期有效的思维在新的历史背景下，未必仍然有效。事实上，思维背后是对战略及其时机的把控。传统银行在新金融浪潮中的固有思维，隐喻的是巨大的战略危机。

当前是中国银行业应用金融科技的第三次浪潮

从金融行业发展来看，金融科技应用可以分为三个阶段。①

第一个阶段是银行业务电子化阶段。中国银行业的电子化起步于20世纪80年代初，先后经历了柜面业务操作电脑化、跨区域联网汇兑等业务发展阶段。在电子计算机技术和互联网技术的推动下，电子化操作逐步替代了手工操作，银行的业务效率和客户体验得到大幅度提升。在这一过程中，科技的意义在于使银行的业务工具得以现代化，这是一个电子化业务工具时代。第二个阶段是以电子渠道发展和后台数据大集中为代表的历史阶段。这一阶段的核心内容是依托互联网，传统银行的后台营运体系发生了革命性的变革，在此基础上，传统银行业务从线下向线上迁徙，互联网渠道成为与银行网点渠道同样重要的经营载体。银行在这一过程中追求的是电子渠道对传统物理渠道的替代，意图通过电子渠道的发展来降低渠道的营运成本，同时通过电子渠道的泛在性，提高服务效率，提升客户体验。大型计算机、远程通信、数据库分析、互联网、图像处理等技术是本轮科技应用的

① 黄余送．金融科技发展分析［J］．中国金融，2017（5）。

关键科技。本质上，这是一个金融科技应用的新型渠道时代。

当前金融科技应用是中国银行业与金融科技对接的第三次革命，也是金融科技应用的第三阶段，其源于三大背景：一是互联网的发展所带来的电子商务、互联网社交对社会生产和生活方式的改变，二是计算能力的大幅度飞跃，三是部分人工智能领域技术的逐步成熟。本轮科技应用涵盖的主要金融科技包括大数据技术、云计算技术、人工智能技术、区块链技术、移动互联技术。[①]

大数据是对体量巨大、来源分散、格式多样的数据进行采集、存储和关联分析的信息技术。通过对金融数据的整合、建模、挖掘，金融机构可以实现两个目标：一是通过大数据分析，来对客户画像，挖掘潜在客户需求，建立个性化的客户沟通服务体系，实现精准营销；二是依托大数据技术建立大数据征信体系和大数据风险计量评分体系。

云计算是实现计算资源按需供给、促进信息技术和数据资源充分利用的计算模式。运用云计算，金融机构可以根据业务需求实时配置IT资源，最大限度地提高IT资源对业务需求的响应速度和支撑效率；通过构建跨层级、跨区域、分布式的后台处理中心，避免闲置资源的浪费，降低运维成本。云计算以其在系统架构、资源整合等方面的优势，能够适应互联网渠道交易瞬时高并发、多频次、大流量的金融服务新特征，满足长尾客户多样化的金融服务需求，支撑互联网金融实现广覆盖、可持续的发展。

人工智能致力于利用计算机模拟人脑的智力功能，赋予机器以人的智能。在金融领域，它通过打造智能系统、渠道、产品等，对金融业务流程进行创造性的整合和改造：一是采用语音识别、图像识别、

---

① 李伟．金融科技发展与监管［J］．中国金融，2017（8）。

触摸感知等信息交互技术，为公众提供智能化金融消费体验；二是通过建立金融业务智能感知与处理系统，模拟人脑的逻辑思维，完成信息收集、数据建模、推理判断、结果预测等任务，智能投顾就是典型的智能决策案例。

区块链技术将密码技术与分布式记账技术、共识机制有机结合，采用点对点的网络结构、分布式的系统架构、分散化的存储模式，较好地解决了在网络环境下交易各参与方的共识与互信问题。一是交易主体的身份验证。区块链技术通过公钥基础设施（PKI）体系等实现交易参与方的身份识别与认证，确保其身份的真实性与合法性，为交易各方建立了坚实的互信关系。二是交易过程的匿名处理。区块链技术运用零知识证明、盲签名等技术，在不向验证者提供具体交易信息的情况下确认交易内容的有效性，保障交易过程的匿名性，使得交易参与方放心地进行金融活动。三是交易活动的不可抵赖。区块链技术结合分布式存储、安全芯片等技术，确保交易记录不可篡改，并可基于数字签名技术追溯交易过程，保障交易活动的不可抵赖性，为金融活动搭建安全可信的环境。

移动互联技术作为重要的数字技术，在一定程度上消除了因使用成本、文化程度、地域限制等造成的数字鸿沟，为突破普惠金融发展瓶颈提供了有效的解决方案：一是移动通信网络的广覆盖不断将金融服务网络延伸至传统金融机构网点覆盖不到的区域，打通金融服务“最后一千米”；二是移动智能终端的高普及进一步提升了金融服务的可获得性与便捷性；三是移动客户端应用爆发式增长，涵盖了公众生活、工作的方方面面。

稳健和保守是金融科技应用的传统思维

从过往经验看，传统银行在应用新兴技术方面较为谨慎，总体来说秉承稳健的风格，“跟随”思维是大多数银行的一般性思维。传统银行秉承这样的思维，主要基于以下几个方面的考虑。

一是银行在应用金融科技的时候要重点考虑技术本身的成熟度。以本轮金融科技浪潮为例，并非所有的金融科技都已经成熟，可以广泛地被应用。现阶段，神经网络芯片、深度学习算法、大数据及云计算四个催化剂，使人工智能迅速发展。但从技术层面看，人工智能不同应用领域的成熟度仍然具有较大的差异。目前，人工智能领域的语音识别及图像识别、人脸识别技术已经成熟，识别准确率均已超过了人类极限，但动态识别及认知计算仍有较大的发展空间。再如更前沿的区块链技术，目前成熟应用还面临着性能、隐私保护、升级修复等问题的挑战。

二是技术本身带来风险，银行需要权衡收益、成本和风险。金融科技的发展要依托于金融 IT 设施，随着金融科技的快速发展，IT 设施建设规模不断扩大，生产的自动化水平不断提高，但金融网络的安全隐患也将更为突出。银行在应用金融科技上首先需要权衡自身 IT 安全能力与应用的关系。另外，金融科技应用，将强化业务发展的在线化、智能化、自动化趋势，在这种业务模式下，反欺诈成为银行应用金融科技的重要挑战，银行在应用金融科技进行业务创新时还必须考虑新的业务模式带来的反欺诈问题。

三是科技投入巨大，而外部监管存在很大的不确定性，为了避免科技投入的监管风险，银行一般要等到监管态度明晰了才会将相关科技付诸大规模应用。近几年，我国实施鼓励创新的整体战略，监管层对金融科技创新采取较为宽松的政策，这令我国的金融科技在短短几年内快速发展。但在 2015 年下半年出现“e 租宝”事件等多起 P2P 风险事件后，监管部门迅速开展专项整治工作，成立了中国互联网金融协会，出台《网络借贷信息中介机构业务活动管理暂行办法》，成立线上支付统一清算平台。从近几年中国金融科技发展的实际来看，平衡创新与风险防范的关系、给予金融科技发展以长期稳定的外部环境，对银行应用金融科技具有重要影响。这其中，最重要的就是借鉴国际经验，推行兼顾创新和风险防控的“监管沙箱”（Regulatory Sandbox）机制。

四是银行 IT 系统构建，可以有不同的架构和技术路径，一旦建成，将形成长期的路径依赖，影响后期的系统发展和业务应用，因此技术选型风险巨大，也正因为如此，在金融科技应用上，案例的价值非常重要。《麻省理工学院斯隆管理评论》（*Sloan Management Review*）和波士顿咨询公司（BCG）联合发布了一份研究报告，它们对来自 112 个国家、21 个行业的 3 000 多名企业高管、管理人员和分析师进行了调研，深入采访了 30 多位技术专家。报告显示，超过 80% 的公司把人工智能视作一个战略机会，约有 40% 的公司认为人工智能存在战略风险。只有很少的公司（13%）认为人工智能既不是机会，也不是风险。但多数公司，在野心与执行之间都有很大的落差。报告还显示，有 22% 的公司还完全没有应用人工智能，也不打算应用；32% 的公司目前没有应用人工智能，但计划将来应用；23% 的公司有一个或者多个人工智能试点项目；18% 的公司在部分产品和流程中应用了人工智能；5% 的公司在产品和流程中大量应用了人工智能。这就是人工智能在全球企业中应用状况的缩影：一边热情地看好这项技术的潜力，一边迟迟不动手，甚至连制定人工智能战略的公司都不是很多。“野心和执行”之间为何会出现如此巨大的落差？报告得出的结论是，这在很大程度上是一个商业问题，而不是由于技术限制，多种新趋势争夺投资优先级、缺乏清晰的商业案例是人工智能在企业中应用受阻的重要因素。

五是金融科技应用带来大数据风险，法律法规的不完善给银行应用金融科技造成阻碍。在金融科技的助推下，大数据与银行业务深度融合，数据和技术成为银行新时代的核心竞争力。在此背景下，商业机构对数据的追求近乎狂热，随意采数、存数、共享，信息被滥用，对个人隐私、客户权益甚至金融安全构成威胁。与此同时，由于缺乏相关的法律法规，关于大数据的应用也缺乏关键的原则和规范，银行在保护消费者权益和应用大数据技术之间处于无所适从的境地。这些问题包括：消费者与互联网公司（如电商）对消费者在互联网上的原始数据、加工后数据的所有权问题；消费者对互联网公司或银行信息使用的授权规则以及消费者（客户）行使反对权的规则；客户信息在金控集团内部的流转和共享问题；云服务、云计算背景下，金融机构向外包服务商或其他有业务合作的信息公司提供个人金融信息的行为规则。①

新金融逻辑让传统银行科技思维面临战略危机

本轮金融科技应用浪潮，尽管为传统银行业所重视，但本质上，它来自科技巨头跨界金融领域。严格说，科技巨头才是本轮金融科技应用浪潮的推动者。但和过去不一样的是，科技巨头作为金融科技的研发者，还直接作为金融科技的应用者。它们的客户是传统征信体系无法覆盖的次级客户，主要业务是基于电子商务、网络社交、O2O 等场景开发的消费金融和供应链融资。在风控上，互联网金融主要依靠电商交易数据、社交数据和行为数据，通过大数据分析，实现反欺诈、风险预警以及贷后管理。在流程上，互联网金融主要通过线上操作实现批量化、自动化作业。

科技巨头直接参与面向未来的市场竞争，这种情况使传统银行金融科技应用的战略决策环境复杂化。它面对的不再是传统的银行业市场，而是一个由传统银行业以及新主体、新业态、新逻辑构成的混合

---

① 王晓蕾．大数据时代金融消费者权益保护——专访央行金融消费权益保护局副巡视员朱红［J］．中国征信，2015（3）。

竞争市场。因此，传统银行业市场长期有效的科技应用战略思维，在面对新主体、新业态和新市场逻辑时，就面临着前所未有的危机。

首先，我们来看新主体。科技巨头跨界金融，所形成的新竞争主体，具有两个鲜明的特征。一是创新性。相关主体展现了传统银行所不具备的产品创新能力和业务发展能力。二是创业精神。这些机构在科技领域并不是新兴主体，但在金融领域却是十足的新兵。但这些机构展现了无与伦比的创业精神，这种开拓性、对行业的颠覆性是长期稳定情形下的传统银行业所不具备的。

其次，我们来看新业态。科技巨头跨界金融，并不是将金融科技简单地与传统银行业务相对接，而是从科技巨头的跨界视角，将科技应用与商业模式创新有机结合起来。科技巨头跨界金融的未来威胁，不只是在于金融科技的创新性，还在于通过科技力量所推动的平台化经营和金融生态构建。在此背景下，互联网巨头扩张的终极特征往往具有了社会基础设施的意义。将社会公共服务与自身商业服务集于一身的互联网巨头，要比传统银行巨头更加具有统治力。

最后，我们来看新逻辑。新主体、新业态之所以对传统银行造成如此大的震撼，最关键的还在于互联网时代银行竞争逻辑的改变。在互联网和金融科技推动下，传统银行业市场的逻辑被悄然颠覆。“二八”定律的失效、长尾客户的价值、“赢者通吃”的逻辑，将科技公司的创新性、创业精神极致化，将科技公司平台化经营和金融生态构建的未来影响最大化。

在由新主体、新业态、新逻辑所构成的新金融逻辑背景下，技术的成熟也往往意味着商业模式的成熟，意味着平台和生态已经将决定行业市场的战略性资源（客户、资金）占据。也正是因为如此，传统框架内的科技应用思维在互联网与金融科技时代，其隐喻的却是不可逆的市场危机，是银行个体通往未来银行之路的身份与角色危机。

存量驱动，全量驱动

如果说银行的思维或者说银行领导者的认知决定了银行对待应用金融科技的态度和积极性以及企业级战略的切入时机，那么对存量驱动抑或全量驱动的回答，就反映了传统银行对金融科技影响广度和深度的认知，而由此引申出的金融科技应用的逻辑框架，将对金融科技应用战略及其绩效产生完全不同的影响。

当前中国银行业金融科技的应用现状

部分应用的人工智能。人工智能在银行业的应用目前主要有三个领域：一是智能机具对生物识别技术的应用。招行、农行已经在部分ATM机上推广刷脸取款业务。二是智能投顾的发展。国内银行在这个领域投入了大量的研发力量，有望在两三年内上线多个产品，但具体的效能还有待观察。目前招行在App5.0版本引入摩羯智投，这使招行成为国内首家推出智能投顾系统的商业银行。另外，江苏银行手机银行还推出涵盖基金、理财、保险、贷款等多个领域的“投资+融资”一体化的智能投顾服务。三是在线智能客服的应用。在这个领域，无论是金融科技公司还是传统银行，智能客服的表现还没有完全令人满意，客户的要求和客户的实际体验仍然存在较大的距离。

银行系金融科技子公司的成立与外围应用的云化。随着云计算、云服务的兴起，行业云应运而生。阿里云于2015年年末发布金融云方案，并于2016年升级成立“蚂蚁金服云”，即“蚂云”。腾讯金融云则于2015年正式发布金融云解决方案。与互联网公有云相对应的是银行系金融科技公司的成立，其中典型代表是兴业数金以及招银云创，分别成立于2015年和2016年。以“蚂云”和腾讯金融云为代表的互联网系金融云主要通过开放流量资源来推广云服务，而银行系金融科技公司在满足银行自身金融云服务外，主要依托同业优势向中小银行输出金融云技术。在云计算的应用方面，恒丰银行用两年多时间将核心与非核心业务所有系统都搬迁到了云上。与恒丰银行100%云化不同，一些大行IT架构秉承“集中式+分布式”模式，意图在原有的主机系统外，辅以外围应用的云化，主要是将需要与客户进行交互的应用逐步云化。整体来看，大多数传统金融机构在现有系统能满足业务的情况下，并不急于转型改造，反而更倾向于落地更多云计算、大数据在客户端的应用。

以优化为导向的碎片化大数据应用。大数据分析，一方面可以直接解决银行经营管理领域的问题，另一方面是智能化的基础。因此，大数据技术应用在金融科技应用中居于核心地位，其进展标志了金融科技应用的进度。目前，国内银行业大数据应用呈现几个特点。第一，广泛而零散。大数据应用广泛分散在对公条线和对私条线。第二，优化居多，创新居少。大多数银行的大数据应用更多是对现有体系经营绩效的提升，鲜有模式创新意义上的应用。比如，它们利用大数据对有效客户进行分析，提高对公客户经理对有效客户的精准营销。这样的大数据应用，有其积极价值，但对银行而言，却没有根本性的影响。第三，条线化、本地化应用居多，企业级应用居少。很多大数据应用，都是针对本地在业务发展中遇到的某一个非战略性的、非全局性的痛点，不仅自身价值有限，应用范围也仅仅局限于某个分行。例如某分行对所在地经济资本占有的大数据分析，就不具有企业级意义。

细分场景研发与小规模应用的区块链。近年来，区块链技术在全球金融领域的应用研发和实验如火如荼，国际上的R3区块链联盟、中国分布式总账基础协议联盟、中国区块链研究联盟、金融区块链合作联盟等联合研发机构纷纷成立。目前区块链技术已在数字货币、跨境支付、票据等金融场景小范围使用。[①] 第一，区块链技术应用于跨境支付场景。2017 年 3 月，招商银行通过区块链跨境直联支付系统，为南海控股有限公司通过永隆银行向其在中国香港同名账户跨境支付，成为首家实现将区块链技术应用于跨境直联清算的银行。基于区块链的跨境支付系统实现了“去中心化”，任意两个机构可互联互通，减少转发环节，报文传递由 6 分钟缩减至秒级；系统处于封闭的私有链网络环境中，报文难篡改，安全性高；分布式架构，任一节点出故障不影响整个系统的运作，可用性高；新参与者可快速便捷地部署和加入系统，扩展性高。第二，区块链技术应用于数字票据场景。浙商银行于 2017 年 1 月上线基于区块链技术的移动数字汇票产品，并完成首笔交易。基于区块链去中心化、分布式记账特点搭建的移动数字汇票平台，可在移动客户端给客户签发、签收、转让、买卖、兑付移动数字汇票，以数字资产方式进行存储、交易，在区块链系统内流通，通过时间戳反映票据从发行到兑付的完整生命周期，实现了公开记账，且不易丢失、无法篡改，无须票据中介进行人为操控。第三，基于区块链的资产托管系统。2017 年 1 月，邮储银行携手国际商业机器公司推出基于区块链的资产托管系统，成功应用于核心业务系统。资产托管区块链系统，利用区块链共享账本、智能合约、隐私保护、共识机制，选取资产委托方、管理方、托管方、投资顾问、审计方 5 种角色共同参与资产托管业务场景，实现了信息多方实时共享、资产使用情况监督和跨机构协作。第四，区块链技术应用于客户积分管理场景。江苏银行于 2017 年 3 月在模拟环境下，实现了银行积分使用和清算场景的区块链应用。通过区块链技术，江苏银行利用共享

---

① 桂娜．区块链技术在国内银行业的应用实践［N］．建设银行报，2017－06－30。

式账本将服务设立在多个分布节点，除银行自身的积分系统、积分商城、清算服务平台外，还接入商户作为共识节点，使用共识机制实现实时记账，在区块链环境中实现了积分兑换、消费、清算和通兑等业务。

存量驱动是当前中国金融科技应用的主要逻辑框架

根据金融科技应用的现状，我们可以概括出中国银行业金融科技应用的几个特征。第一，应用的外围化。金融科技应用尚未触及传统银行运行的核心领域——银行的营运体系，没有改变银行的运行基础，如IT架构。第二，应用的局部化。这一方面表现在技术应用只是个别技术开始推广应用，如人脸识别，大部分技术应用还在探讨之中；另一方面表现在同样技术只是在银行的某一分行或是某一条线进行应用，还不是企业级的、全行性的应用，且在大数据应用上表现得明显。第三，应用的浅层化。很多应用着眼于现有流程、产品的优化，而不是对原有商业模式进行根本性创新，尤其是没有触及银行经营的深度能力——风控能力。

形成以上特征的原因是多方面的，首先，金融科技崛起只是近两三年的事情，应用发展还没有经过充分的发酵，因此，商业银行的应用实践主要处于初步阶段也是可以理解的事情；其次，上述特征一定程度上反映了传统银行在金融科技应用方面所面临的客观约束，比如基于传统IT系统产生的数据，存在数据粒度不够细、覆盖面不够广，在企业级范畴描述中标准不统一等问题，这些问题都将影响大数据分析应用的广度和深度，而数据是金融科技应用的核心，它将进一步影响整个金融科技应用的情况；最后，也是最关键的，就是目前中国商业银行金融科技应用主要是基于存量的逻辑框架，它决定了中国银行业目前金融科技应用的性质、意义以及主观动能。

所谓存量逻辑框架，是指围绕商业银行目前的核心客户所架构的经营体系，它主要包括客户、业务和风控体系。在中国银行业传统的客户结构中，公司客户是最主要的客户，其对应的是所谓的批发业务，而个人客户对应的零售业务主要是住房抵押贷款和信用卡业务。在风控体系中，存量逻辑主要体现为银行自有数据的特点上。银行自有数据包括几个部分：一是客户的基本信息，如姓名、电话号码、职业、受教育水平、住址等信息；二是客户的账户信息，它记录了基于客户账户所发生的支付、转账、结存等业务信息；三是贷款申请和还款历史信息；四是客户的收入、房产等强信用属性数据（如有贷款申请行为）。当前，银行的授信和风控高度依赖贷款和还款历史所形成的征信记录以及抵质押手段。也就是说，银行的主要目标客户是有征信记录、相对优质的客户。

当前中国银行业主要是将金融科技应用到现有客户、业务体系中，这决定了相关应用实践的性质是既有经营体系的优化和挖潜，意义在于通过金融科技的应用，实现现有业务流程的线上化、智能化和自动化。因为相关应用并非改变银行既有的逻辑尤其是风控模式，因此它并不具有企业级价值，因此，相关应用实践的主体也主要是一些条线的部门或分行。

全量框架的意义

银行在存量框架内开展金融科技应用，有其合理性：其一，既有的经营体系已经相对成熟，银行在相关领域积累了丰富的经验；其二，这一体系主要是围绕优质的、有信用记录的客户群体运行，占有优质客户是银行经营的不二选择；其三，银行选择存量框架来开展金融科技应用，可以降低难度和风险。

但是在金融科技应用上，存量框架存在天生的不足。正是因为既有经营体系已经相对成熟和有效，既有体系下的金融科技应用本质上只是对于现有体系的优化和效率提升，这使银行缺乏动力提升金融科技应用的战略层级。在这种背景下，科技只能继续扮演后台支撑的角色，科技应用还不是企业级的创新。而且，即使有些银行将金融科技应用上升到企业级战略层面，但是在存量框架内，由于缺乏相应的业务载体，金融科技应用的效能也非常有限。在存量框架下，银行实际上陷入了“存量框架—低应用绩效—低战略层级”的金融科技应用的逻辑循环中。

跳出这样的金融科技应用的死循环，对于中国银行业来说，就要从增量体系来思考金融科技的应用问题。所谓增量逻辑框架，是指围绕商业银行目前的核心客户以外的客户群体所架构的经营体系，它是客户、业务和风控体系的集合体。相对于存量框架内的线上化、智能化、自动化带来的优化不同，增量框架强调的是商业模式的创新，它包括客户向长尾客户拓展，业务重点从非场景化的住房金融、信用卡向场景化的消费金融、供应链融资转移，赢利模式更强调差异化风险定价能力，风控体系由依托传统征信向依托大数据征信拓展等。银行构建增量发展体系，意义在于着眼于未来竞争的需要——通过金融科技的应用，拓展全新客户群体，坚守大众金融市场，直面克里斯坦森式颠覆性竞争的挑战。

当然，强调增量，并不意味着否定存量，发展必须建立在生存基础上，从这个意义上看，金融科技应用战略必须在全量架构中展开。

嫁接抑或革命

对于金融科技，银行习惯于拿来主义，在现有体系中直接植入金融科技。但在“嫁接”的过程中，传统的体系，包括人才、体制、IT系统、创新机制往往成为金融科技应用的阻滞因素。在此背景下，金融科技只能是和过去一样，成为一种工具和手段。但是，本轮金融科技应用的影响是全面而深刻的，它不仅为传统银行的经营结构调整创造了条件，也将从根本上改变传统银行的形态与运行机制。因此，银行金融科技应用的战略，必须着眼于自身的深度变革，以金融科技应用为契机，推动自身的革命。

失效的拿来主义

拿来主义，即在现有体系中直接植入金融科技，这面临诸多挑战。

第一，人才问题。本轮金融科技对银行的影响是全面和深刻的，银行对科技的应用也需要相应的人才来支撑，但相对于这种深度应用，银行现有的人才体系还难以直接应对这样深刻的变革。首先，核心和领军型人才的缺失。银行现有的金融科技人才成长于 IT 条线，长期作为银行的后台而存在，科技被看作是一种支持工具，又受银行文化的长期浸染，这些都造成了能充分将科技与商业模式创新相结合、具有前沿创新意识和全局性统领能力的领军人才的缺乏。其次，科技人才的总量不足。随着金融科技渗透到银行经营的方方面面，银行科技人才需求迅速膨胀，但银行现有的、封闭的自我培养的人才体系，难以适应金融科技的快速发展。最后，复合型应用人才缺乏。金融科技对于银行的真正价值在于应用，这需要既懂科技又熟悉业务的复合型人才来有效“链接”科技创新和业务发展。但分割的银行体系，拥有的更多是具有深厚专业背景，但知识和技能结构相对单一的人才。

第二，体制问题。一是行政化体制。中国银行业最大的特色就是行政化体制。无论是国有控股银行、股份制银行，还是城商行、农商行，几乎所有的银行都和政府有着千丝万缕的联系，内部体制都或多或少具有官商的特点。层级高耸、等级森严的组织结构，自上而下的工作机制是这一体系的基本特征。但是这样特征的体制对市场反应迟顿，流程中各环节的创造空间过于狭窄，根本无法适应互联网领域快速迭代的时代特征。二是严格的责任体系。合规和风险防控是传统银行经营的核心，围绕两者，传统银行构筑其庞大的责任制度和追责体系，并且该制度和体系往往通过文化的力量，泛化到银行的每一个领域和每一个角落。责任制度和追责体系成了银行发展的基石，但也让银行缺乏了基本的包容性，对试错往往秉承零容忍的态度，而这与科技的创新和试错精神恰恰是格格不入的。三是关键绩效指标和买单制。关键性指标的考核、计件制是银行的主要考核办法，银行用它们引导机构和员工的行为，实施资源的配置。但这对于风险较大、绩效难以准确量化的创新，尤其是基础性创新而言，不仅是无效的，而且是致命的。

第三，系统问题。一是价值导向冲突。中国银行业传统的 IT 系统是与中国银行业传统的业务模式和服务理念相耦合的，主要体现为以产品为中心的服务理念和以部门、条线管理为核心的流程管理体系。这一体系与金融科技应用下的以客户为中心、场景嵌入、智能化管理等特征相冲突，受困于 IT 系统，金融科技应用下的客户体验和管理效能只能做到勉强令人满意。二是 IT 总体架构适应性不足。集中化是中国银行业系统建设的主流理念，它的优势体现为主机的安全、稳定、可靠和管理的简单。但是，传统理念下的 IT 系统架构难以满足互联网经济对系统处理能力不断增长的要求，银行的 IT 系统难以承受短时间内峰值的压力。总体而言，架构的服务性差、灵活性不足、耦合性强、成本高昂，业务流程和 IT 基础设施对金融科技应用的支持性较差。

第四，创新问题。在创新问题上，传统银行也面临巨大的挑战，主要表现在三个方面。一是技术的基础创新能力问题。长期以来，银行擅长于对较为成熟的金融科技加以应用，基础研究能力相对较弱。

但当前金融科技的很多技术还处于基础研发之中，基础性研究、科技的孵化显得更为迫切，这对银行基础研究能力及其体制机制是巨大的挑战。二是银行内部的创新动力来源问题。传统上，银行创新的动力来源于市场竞争和业务发展的需求，也就是一般来自自下而上的机制。但在本次金融科技应用中，科技的价值很多着眼于长远的竞争，尤其是应对来自互联网企业的未来竞争，这是一个战略上的压力。但在业务前端，银行往往感受不到这种压力，因此，传统的创新压力机制在本轮金融科技浪潮中是低效甚至是失效的。三是创新能力的配置问题。在金融科技的研发和应用中，总行实力最强，省分行次之，地市分行和支行可能就不存在科技能力。但在本轮金融科技浪潮中，科技已经走向业务的前端，银行通过分支行不仅向客户提供金融服务，还向场景合作平台、战略客户输出金融科技服务，但分行的科技实力目前离这样的要求还有很大的距离。

影响深远的科技潜能

与以往的金融科技应用相比，本轮金融科技应用的领域更多，影响更为深远，其潜在应用方向包括。[①]

第一，应用移动计算、云计算、大数据、机器学习、区块链等技术，通过合作搭建个人信用管理平台和个人金融综合服务方案，加强客户黏性，高效吸收低成本资金。第二，通过移动计算、云计算、大数据、生物识别、机器学习等技术对用户特征、交易行为及服务需求进行全面采集与刻画，提取关键标签并形成体系，运用客户分层理论进行定位，实现更低成本的、更具针对性的精准营销。第三，通过移动计算、云计算、大数据、生物识别、机器学习等技术提供更加场景

① 毕马威．中国银行业转型 20 大痛点问题与金融科技解决方案［EB/OL］．2017－08。

化、个性化、定制化的金融服务，实现差异化定价，降低客户融资成本，提升产品和服务竞争力。第四，通过生物识别和多维度数据分析实现身份认证和反欺诈。第五，应用移动计算、云计算、大数据、物联网、机器学习等技术，结合支付生态以及电子商务等领域的大数据积累，建立基于人工智能的大数据信用风险模型，实现大数据风控和智能化服务。第六，应用移动计算、云计算、大数据、生物识别、机器学习、自然语言处理、知识图谱等技术，将人工智能融合到投资理财业务各个环节之中，实现智能投顾。第七，应用移动计算、云计算、大数据、生物识别、机器学习、自然语言处理、知识图谱等技术，将人工智能应用到企业年报、时事新闻、行业分部报告、上下游产业链等的智能分析上，实现智能投研。第八，应用移动计算、云计算、大数据、生物识别、机器学习、区块链等技术简化支付与转账流程，提高结算和清算效率。第九，应用移动计算、生物识别、机器学习、自然语言处理、增强现实等技术实现智能在线客服。第十，应用移动计算、云计算等技术实现银行系统架构上的云化，降低技术开发与风险管理成本，提高科技系统扩展能力，引入互联网产业的敏捷开发体系，缩短开发的反馈周期，快速适应新业务需求。

“革命”才是本轮金融科技浪潮的价值所在

本轮金融科技浪潮，具有极为广泛的应用潜能，将从三方面影响中国银行业的发展。

第一，经营结构调整以及赢利模式的重建。以互联网和金融科技为基础的风控等领域的核心能力将极大地扩展传统银行的经营边界。“二八”定律被打破，长尾客户进入银行的战略视野，消费化、零售化的普惠金融成为新的业务增长点。精准营销、细分场景拓展、差异化风险定价、综合金融服务、非金融衍生收益成为金融科技时代银行新的赢利模式。

第二，银行经营形态的变革。在互联网与金融科技的冲击下，传统网点加速转型。以互联网为主、线上与线下相融合、与场景高度契合的服务平台成为银行基本的经营形态，聚集多种主体、融合金融与非金融的生态化服务既是银行服务的基本形式，更是行业竞争的基本形态。

第三，体系和文化上的科技公司化。科技将成为银行最鲜明的标签。智能营运体系，将改变传统银行总分行权力配置的困境，开启调整架构、破除大企业病、去行政化发展的新篇章。科技公司化的创新机制、创业精神将重塑银行的体制与文化，并与传统银行的风险文化相融合。科技和数据成为驱动银行前行的两大车轮，科技人员成为银行职员的主体。建立在科技及其机制基础上的敏捷交付成为产品竞争的焦点。

相对于经营结构调整以及经营形态上的变革，体系和文化上的科技公司化更为关键。没有体系和文化上的科技公司化，科技在银行的变革中只能扮演工具和手段的角色，所谓的经营结构调整和经营形态变革不仅举步维艰，成效也将大打折扣。事实上，体系和文化上的科技公司化，对银行的影响是革命性的。如果把现代经营理论的完善、现代公司体系的建立作为银行的第一次革命，把国家对银行的监管及其不断完善看作是银行的第二次革命，那么，银行的科技公司化无疑是银行史上的第三次革命。从这个意义上看，银行的自我革命才能真正体现本轮金融科技浪潮的全部价值。

鉴于此，面对金融科技浪潮，传统银行应该以金融科技应用为契机，推动银行自身的科技公司化，实现银行的自我革命。

第三部分

未来银行之路

第五章　在行业革命中主动选择生态角色

人生的苦痛和纠结，很大程度上源于我们对自身角色认知的模糊与定位的扭曲。一个清醒的、积极的、富有远见的角色定位是幸福人生的开始。银行如此，企业亦然。

从历史的逻辑来看，中国银行业正处于一个行业裂变的大时代，分化重构是中国银行业的未来主题。中国银行业将从“国有行—股份制银行—城商行、农商行”的行业体系，转化为“新综合化金融科技公司—单一开放平台公司—特定人群的银行、特定地域的银行、特定功能的银行”的行业生态体系。面对这一未来图景，中国银行业需要转变战略制定的方法论，制定面向未来的发展战略，将平台逻辑、生态思想、“赢者通吃”规则、长尾市场定位、客户体验原则、普惠精神等新金融逻辑有机融入银行战略制定者的思维当中，依托金融科技的力量，以全面、系统性的变革，重建行业的赢利能力，维系行业的公共地位。而在行业资源重组、生态竞争背景下，一些角色定位模糊、失去资源和生态助力的银行，将逐步被边缘化。为此，个体银行需要根据自身的能力、禀赋和战略雄心，主动选择个性化的生态角色，并将其作为自身战略制定和长期发展的逻辑起点。

中国银行业的战略体系及其内在逻辑

战略图景

中国银行业是一个由 4 000 多家法人机构、400 多万从业人员构成的庞大体系，但当代意义的中国银行业发展却只有不足 40 年的时间。在国家“大一统”的银行体制下，中国银行业不存在所谓的战略问题，当国有银行以专业银行的身份从央行中分离出来，并逐步完成向现代商业银行的转变，以及全国性股份制银行设立和崛起之后，战略才在中国各类型商业银行的竞争中开始扮演应有的角色。

四大国有控股银行，脱胎于各有分工的专业银行体系，专业基因赋予了四大银行不同的初始禀赋，它成为未来四大银行发展和竞争差异的重要基础。但不可否认的是，不同历史时期的战略也是四大银行发展差异的重要解释变量。作为“小老弟”，建行脱胎于财政部体系，专司基建贷款的拨付和管理之职。作为曾经的“财政出纳”，建行的规模最小，在国家开发银行成立之时还一度面临被裁撤的风险，但作为“体系”外的一员，建行的灵活性更好，危机意识更强，其早期的“双大”战略——大行业、大客户，为逆袭奠定了基础。而工行 21 世纪初推行的数据大集中战略，则奠定了工行在银行科技领域 10 年的领先优势。至于四大银行剥离不良资产、股改上市，总体上属于中国金融改革的范畴。过去的五六年里，以工行为代表，四大银行都加快了综合化和国际化步伐。而在国内的传统商业银行领域，四大银行一致推行“中心城市行”战略或发达地区优先发展战略。工行推行利润中心化的组织变革，提出再造一个网上工商银行的战略（e-ICBC），而建行、农行等银行则积极推进新一代核心系统开发和建设。当前，四大银行与国内互联网巨头 BATJ 展开战略联姻，积极推进大数据应用，推进网点智能化转型。

全国性股份制银行主要成立于 20 世纪 80 年代后期以及 90 年代，作为乘着改革开放东风诞生的新型银行，股份制银行具有体制机制上的灵活性，从战略的角度看，其发展主要分为几个阶段，在早期发展阶段，其主要解决三个问题：一是如何从区域银行发展成为全国性银行，这一过程涉及发展中的重点业务、重点区域的布局问题；二是完善公司治理；三是解决资本问题。后两个问题主要通过上市来解决。在发展相对成熟阶段，全国性股份制银行的进一步发展面临着与国有大行以及其他股份制大行的市场竞争问题。但相对于国有大行在规模、渠道、科技、人才等诸多领域的优势，股份制银行需要通过打造自身的经营特色来提升竞争能力。这一阶段，也是股份制银行战略分化的开始阶段。招商银行的零售银行战略、民生银行对小微金融和事业部改革的探索、兴业银行打造同业金融平台，成为这一时期股份制银行的典型战略案例。而随着次贷危机后国际银行监管的强化、国内经济社会的发展、金融科技的崛起，股份制银行则大力推行战略变革，实施轻型银行发展战略、社区银行发展战略、交易性银行发展战略、直销银行发展战略、数字化转型战略，将战略管理推向新的高度。

城市商业银行和农村商业银行的战略历程与全国性股份制银行基本相似，即成长初期是体制、资本、跨区经营问题，成熟期是特色化探索问题。北京银行是此类银行发展中的佼佼者，颇具代表性。北京银行由北京市原 90 家城市信用合作社组建而成，目前是中国最大的城市商业银行，其战略轨迹为：首先为实施跨区域发展战略，将名称由“北京市商业银行”更名为“北京银行”；其次为进一步充实资本和完善公司治理结构，引进了境外战略投资者荷兰安智银行（ING

Bank）及境外财务投资者国际金融公司（IFC），并于2007年上市；再次在中国城市商业银行中率先实现跨区域经营，在中国主要的、发达中心城市设立分行；最后在取得经营发展的初步成功后，积极探索特色化经营方向，比如对消费金融和直销银行进行探索。

演进主线

相对于西方发达国家银行业，改革开放后的中国银行业是一个后发市场体系。银行功能不断完善、行业规模不断扩大是中国银行业业务发展战略的主线，这一过程可以分为四个历史阶段。

一是银行本体业务和功能的拓展时期。这一过程涌现了招商银行零售银行战略、兴业银行同业银行战略和民生银行小微金融战略。这些战略，尽管被各自银行视为自身特色化经营的举措，但从行业整体趋势看，它们代表了中国银行业向彼时的蓝海市场跃进的尝试。招商银行零售银行战略涵盖了一卡通、网络银行服务体系、金葵花理财与私人银行、信用卡等业务内容。这几大领域都是彼时中国银行业零售业务发展的前沿方向。与此相似，随着中国银行业经营与金融市场对接的深化，金融市场业务也注定是中国银行业拓展经营领域、做大资产负债规模的重要突破方向。在此背景下，兴业银行通过“银银”平台扩大经营网络，大量吸收同业存款，并将其配置到同业理财等投资渠道，形成完整的同业经营闭环体系。与此同时，一些银行推行“提高非利息收入占比”战略，而另外一些银行则提出打造财富管理银行战略，这些战略彰显了中国银行业向投行业务、资管业务的拓展。而在传统的批发市场日益呈现红海市场特征的背景下，民生银行则将战略视角投向了市场庞大但挑战多多的小微金融领域。

二是银行的体外扩张时期。银行在行业范畴内拓展，受限于市场、监管和竞争，当银行业务本身日益呈现红海竞争态势时，在监管背景的配合下，很多银行又将扩张的视角投向体外，其主要有两个方向：一是纷纷设立或并购非银行业金融子公司，打造以银行母公司为主体的金融集团。在这一时期，牌照成为银行追求的关键性资源，母子公司的战略协同成为母子公司管理的重点。二是追求海外发展，在全球布设网点。相关战略与中资企业走出去政策相适应，也为一些银行的体外扩张开辟了新的途径。

三是从外延扩张到内涵发展的转折时代。本体扩张、体外扩张本质上是银行的外延扩张，在进行了长期的外延扩张后，中国银行业粗放的规模扩张之路愈加不可持续，这不仅来自前期粗放扩张所带来的规模之弊、管理之弊，也来自作为后发市场所具有的蓝海空间的不断被压缩，同时次贷危机后资本监管的约束更强化了这一趋势的发展。在此背景下，以内涵发展为主旨的相关战略开始跃入中国银行业的视野，其包括两个大的方向：一个是强化经营管理水平、资本和成本管理的集约化战略及轻型银行战略；另一个是通过传统经营领域的特色化、精细化来提升市场竞争力，包括社区银行发展战略、交易银行发展战略。社区银行战略是股份制银行通过强化驻地化经营来实现对驻地市场尤其是零售市场深耕，交易银行战略则是将银行服务嵌入日常经营和交易环节之中，将现金管理、贸易融资等业务进行整合，并通过专业化、整合化、专属化的服务提升精细化经营水平。

四是普惠金融时代。无论是外延扩张还是内涵发展，中国银行业仍然处于追赶和学习国际先进银行的历史过程中，或者说，中国银行业的战略行为仍然处于传统银行业行为逻辑的历史范畴。但随着互联网金融的跨界经营、金融科技的崛起，中国的一些银行开始将视角投向一个全新的领域，那就是普惠金融——普通消费者、小微企业。这是一个全新的历史阶段，在此阶段，中国银行业战略终于跳出了后发市场的逻辑体系。首先，它是中国银行业范围功能和规模扩张的历史阶段的重新开启。其次，尽管本阶段将为中国银行业的规模扩张提供新的蓝海市场，但本次蓝海市场的开拓，却高度依赖内涵性发展——不可复制的技术、能力和管理。最后，其经营理念与互联网精神开始对接，依托金融科技，其行为逻辑开始跳出传统银行的逻辑范畴，这也是其不同于过去民生银行小微金融战略的关键所在。

内在逻辑

看似纷繁芜杂的中国银行业战略，有其内在逻辑。

第一，体制转轨与现代企业制度的完善、管理控制权的不断强化。中国的银行体系是从“大一统”的行政体制逐步向现代银行体制转变的，从主要的国有银行的演变过程看，其间经历了专业银行、企业化、市场化等历史阶段。在这一进程中，强化法人治理、提升总行对分支行的管控是国有银行战略发展的主线。

“双大”战略是建行在 20 世纪 90 年代面临生存危机时所确立的战略，在建行的发展历程中占有重要地位，它对建行有三大意义：首先，通过大行业、大客户的大型批发业务迅速做大规模，建行解决了地位与生存问题。其次，“双大”客户定位切中当时国内经济运行的关键客户。在这一时期，中国经济运行有两方面的活跃力量，一是外资和乡镇企业主导的轻工业发展，二是政府、国企主导的基础设施、基础工业建设。相对于外资企业融资的体制障碍、乡镇企业的不规范，后者经营规范、规模庞大、有国家支持，不仅风险小，同时也符合建行在基建领域的传统优势。最后，“双大”战略，提升了建行的经营层级，进一步强化了统一法人治理（当时各分行具有事实上的准法人地位），提升了风险管理控制水平。

与建行“双大”战略在管理上的初衷相似，工行 21 世纪初的“数据大集中”战略，通过将 40 多个数据中心集中到南北两大数据中心，实现了全国应用软件的统一管理，提升了基础数据质量，提高了总行决策的及时性、准确性，强化了统一法人对分支机构业务运行的监控。同样地，建行垂直风险管理改革也是强化集中控制的重要尝试。不过随着管理控制的不断集中，中国银行业体系活力和效率也在不断下降，在这种情况下，一些银行积极探索事业部改革和利润中心建设。这些战略的实施实际上是对前期不断强化的集权倾向做某种程度的修正，它反映了脱胎于行政体制的总分行体系，在没有解决好委托代理和激励约束机制的背景下，所面临的“一收就死，一放就乱”的问题仍没有得到完全解决。

第二，政府主导的经济发展模式与市场定位。中国的市场经济体制从计划经济转轨而来，市场经济管理体制还有待完善。从 20 世纪 90 年代中国确立市场经济目标以来，政府的主导作用呈现几个阶段性的特征：一是 20 世纪 90 年代到 2003 年以前，政府通过国有经济从事基础工业和基础设施建设来主导经济发展；二是 2003 年以后的近十年历史，中国形成了以城市化为主线的经济发展逻辑，基建和房地产行业的发展推动城市化进程并带动能源重化产业发展，而房地产行业的膨胀支撑的土地财政又为基建和城市化提供了资金；三是 2012 年以后，面对经济下行，国家实施财政、货币宽松政策，其影响是一、二线城市房地产经济快速膨胀，中心城市的地位再次得到强化。从以上进程不难看出，20 世纪 90 年代中国银行业的关键业务存在于基础工业和基础设施建设领域，而 2003—2012 年的关键业务主要分布于基建、房地产开发、能源重化等领域。从客户角度看，上述两个阶段的关键客户主要是政府、政府平台以及国有大中型企业；地区分布上，主要是城市等发达地区。2012 年以来情况发生了比较特殊的变化。首先，银行的重点业务领域变成了居民按揭贷款领域和基建。其次，除了政府，作为关键客户，居民的重要性开始凸显。最后，地域上的关键市场主要是北上广深以及重点二线中心城市，它们是过去几年一些银行利润主要的贡献地。从以上分析就解释了所谓“双大”战略、“三大一高”战略、“中心城市行”战略、发达地区优先发展战略，以及股份制银行和重点城商行跨地域经营的内在逻辑。

第三，市场竞争的强化与银行自身变革的不断深化。一是产品创新时代。在这一历史阶段，中国银行业刚刚走上市场化竞争之路，相对于西方发达国家银行业，很多业务和产品都是空白，在此情况下，产品创新是市场竞争的主要形式。招商银行零售战略中的几个关键性产品，一卡通、一网通、金葵花理财等就是这一时代的产物。二是渠道、业务模式创新时代。随着中国银行业市场化的不断推进、市场竞争的加剧，尤其是互联网的发展，中国银行业的市场竞争开始步入渠道竞争时代。在这一阶段，电子银行、手机银行、微信银行成为银行战略发展的重点。工商银行的 e-ICBC 战略的早期版本，其实就是在这样的背景下产生的，其核心思想是实现银行业务发展的线上化。三是商业模式创新时代。随着竞争的进一步强化，线上不再是银行线下行为的简单复制，而是不断推动银行的商业模式——业务模式和赢利模式的深度变革。在此背景下，银行开始搭建平台，将服务嵌入场景，并开始融合非金融增值服务。工商银行 e-ICBC 的 2.0 以上版本和兴业银行的“银银”平台就是这一思想的产物。e-ICBC 打造了包括网络社交平台（融 e 联）、电子商务平台（融 e 购）和网络金融平台（融 e 行）的互联网金融体系。而兴业银行则通过“银银”平台，实现了以自身为核心的生态体系构建，成为自身跨越式发展的助推器。四是金融科技引领的整合创新时代。伴随着第四次科技革命的发展，大数据、云计算、人工智能、区块链等金融科技开始迅速进入中国银行业的战略视野。从长远看，金融科技对银行业的影响是全面的，但现实中，金融科技的影响尚未完全展开，中国银行业整体上尚没有从战略角度对如何拥抱金融科技做出回应。但一些银行已经开始就金融科技应用以及自身的变革做出探索。这种探索，伴随着不同的认知，相应的战略内容也分若干层次，比如一些银行推出数字转型战略，但其核心要点还在于网点的智能化改造以及网络金融服务的发展；一些银行则就具体某项金融科技应用推出发展战略，如大数据应用战略；还有一些银行则提出了构建“金融科技银行”或“金融科技公司”的战略，但从实际情形看，它们往往还局限于愿景或一些技术性应用。金融科技在战略上的应用深度，关键在于整合创新，而其中最关键的是科技与体制变革的结合，这是科技摆脱作为工具和手段的决定因素。

方法论限定下的战略视域危机

传统银行战略的方法论及其视域

改革开放以来，中国银行业整体进入一个高速发展的历史时期。相关的历史特点，也促使中国银行业形成了思考战略、制定战略的习惯性方法和思维，它们构成了中国传统银行业战略制定的方法论体系，并决定了中国银行业中各银行制定战略的视域。

第一，趋势外推法。这是中国银行业制定战略最突出的思维和方法，其原理是在预测未来的趋势中，在坚持既有方向不变基础上，银行进行体量、数值上的微调。这样的方法操作简单，同时也适应了约20年中国经济社会平滑向上的历史趋势。但是长期的惯性外推有两个危机：一是以现代推导未来，相信既有的成功经验会一直有效，忽视战略环境中的转折和裂变；二是战略视线的短期化和眼前化。

第二，孤立，非竞争思维。中国银行业中个体的战略制定，其虽然有强化自身竞争能力，提升行业位次等目的，但各家银行的战略，本质上仍然是孤立和非竞争导向的，其原因就在于各家银行在制定战略和提出自身战略举措时并未考虑竞争对手可能的反应，以及由此造成的市场目标追求过程中可能出现的竞争问题。这从表面上看似乎是很多银行具有“和气生财”智慧的结果，实际上是由中国银行业市场结构和竞争逻辑所决定。在一个垄断竞争市场中，中国银行业各主体已经实现了相对平衡。而这并不是一个“赢者通吃”的行业，因此，各主体将竞争对手行为和市场分割纳入分析，既没有意义，还伤“和气”，但这一思维指导下的战略在互联网的世界中，会面临极大的危机。

第三，行业本位思维。由于 20 世纪的治理整顿以及长期实行分业经营体制，即使在金融业内部，中国银行业战略管理者的思维更多局限于中国银行业本身，这与中国科技巨头所秉持的战略思维形成鲜明的对比。相对于中国银行业将视角局限于本行业发展的现状，中国科技巨头并没有相关的思维束缚，它们具有天然的混业经营思维。金融对于它们而言是一个整体的概念，而不是银行、证券、保险。不仅如此，它们看待金融的视角也不同于中国银行业，中国银行业是用自己的眼光来看待自己，而科技巨头则是用科技的视角来看待中国金融、中国银行业。行业视野，在某种程度上代表着专业，但在历史的变革期，在“非相关性替代”的历史时期，中国银行业固守的行业习惯将是变革的最大阻力，也是行业既有体系衰亡的罪魁祸首。

第四，局部突进与新生嫁接。作为平滑发展的外部环境以及银行本身追求稳定的特点，局部突进和新生嫁接也是中国银行业面对新生事物的普遍做法。面对不确定性，中国银行业习惯于小范围试点，或者在现有体系嫁接新生事物。这样的做法，最大化地保持了既有体系的稳定性，减少了创新的风险，同时也是相对简单便捷的方法，减少了变革的成本和阻力。但是，我们必须看到，当中国银行业面临革命式变革时，局部突进必然面临全局的阻滞，嫁接不可避免地面临水土不服、血型不符等问题。

裂变中的行业体系

行业体系是由行业主体、主体行为模式、核心商业逻辑所构成的体系。在过去的约 20 年中，中国银行业逐步形成了一套独特的行业体系，它包括：

一是长期高速经济增长带来了外延性扩张；二是与政府主导的投资型经济模式相适应的以批发性、投资性为主的业务体系（基建贷款、项目融资、住房金融）以及以大城市、大行业、大企业为特征的战略定位；三是由网点、电子渠道所实施的社会公共服务为中国银行业尤其是大型银行带来资金及其成本优势；四是从客户存款（其中相当比例是活期存款）到中长期投资贷款所实现的强期限转换及其收益；五是通过理财业务以及同业渠道，实现银行业务的套利性表外扩张；六是通过银行控股公司形式下的子公司发展，实现银行的体外扩张；七是相对稳定、均衡的垄断竞争态势及其行为逻辑。

在这一体系下，中国银行业个体实现了自身发展速度以及盈利的最大化，但情况正在发生趋势性、结构性的逆转。

第一，长期经济增长。要素供给、要素禀赋及其组合决定了经济的长期潜在增长趋势。农村剩余劳动力的“无限供给”带来中国制造业的比较优势，其与中国加入世界贸易组织相结合，带来中国在 21 世纪初的发展。但随着农村剩余劳动力供给的刘易斯拐点（Lewis Turning Point）的到来，中国长期经济增长要素供给情况已经发生了重大的转变。与此同时，随着工业化和城市化的快速演进，中国社会正急剧地向后工业社会迈进，国民经济迅速服务业化。与之相适应，过去 40 年动辄两位数的经济增长率将只能存在于记忆之中。2010 年以来的中国经济下滑，既有周期因素，但更多的是长期趋势，长期经济增长的逐步递减将是中国银行业面临的重大环境趋势转折。

第二，经济运行模式、政府债务和分税制。进入21世纪以后，中国还逐步形成了以城市化为核心的经济运行模式。地方政府通过基建投资以及垄断土地供应，造成房地产价格的刚性膨胀，而刚性膨胀的房地产价格又为政府土地财政以及融资创造条件。上述逻辑的不断强化，事实上实现了对社会储蓄的动员和透支，其背后是分税制下，地方政府对土地财政的过度依赖。这样的经济模式，其经济约束条件有两个，一个是房地产市场长期供求的转向，另一个是在相关模式运行中地方政府债务的积累达到临界点。2018年，既有运行模式的约束条件都已经产生，这是中国银行业面临的第二个根本性的转折。投资信贷、住房金融的明星业务光环在褪去，地方政府及其平台低风险特征已经不复存在，不同中心城市的地位也在弱化。

第三，监管理念与风格的重大转折。2016和2017年，中国银行业的监管发生了重大逆转。央行将表外理财纳入宏观审慎评估体系进行考核，监管机构对“三套利”等金融乱象进行治理，对资管产品进行穿透管理，对金融控股公司大股东侵占小股东利益、假出资等行为进行监管规范。强监管对商业银行通过表外业务、金融控股公司腾挪资产、规避监管、实现体外扩张的经营套路形成威慑。

第四，货币的电子化，互联网巨头对基础银行服务的侵占。随着智能手机的普及，货币的电子化不断深化，无现金社会开始显露雏形，它从根本上改变了银行业的行为逻辑。“二八”定律开始失灵，普惠原则开始变得可能。通过社交平台以及电子商务平台，互联网巨头开始快速占领支付、结算、清算等原属商业银行的基础服务内容。而移动支付与居民日常生活场景的有效结合，使互联网巨头开始威胁到银行在经济社会运行中的基础设施地位。在一些依托互联网标准化服务领域，互联网已经显露出可怕的力量。

传统银行战略管理危机

中国银行业体系的裂变，给其战略管理带来了前所未有的挑战，但由于既有的方法论体系及其视域，中国银行业无法有效捕捉和适应所面临的变革，它表现为三类危机。

第一，惯性迟滞危机。这一危机包括两种情况。一是一些银行对行业巨变视而不见，这可能源于对行业战略环境的变化缺乏洞察力。但事实上，这种情况极其少见，更多是另一种情况，即战略制定者还不相信未来已来。尽管行业正在酝酿着巨变，但在短期，传统的资源配置方向和方式仍然有效，所以一些银行仍然在强化基于中国银行业原有体系和逻辑的相关战略，譬如强化规模增长、资源的集中配置、“三大一高”定位、综合化战略等（这里需要提出的是，即使行业整体趋势发生了逆转，作为中小银行，其仍然可以将上述内容作为自身的特色化战略来发展，因为趋势逆转的行业，也能为中小银行个体提供足够的发展空间。但作为行业整体，或者行业巨头，依据惯性外推拟就的发展战略在行业发展趋势逆转中则面临着较大的危机）。这种现象的实质是战略制定者将战略与经营计划相混淆，也说明中国银行业还缺乏真正的战略。中国银行业的战略危机，某种程度上也是没有“战略”的战略危机。

二是惯性的概念体系掩盖了变革的实质，进而影响战略作为。这在一些银行关于批发和零售的争论上，表现得尤为突出。批发和零售之争是业界长期争论的论题，是颇让人困惑的问题。因为10年前的零售和当前的零售，其战略内涵已截然不同。从这个意义上讲，批发和零售之争实际上是个伪命题。在不变的概念框架内论证零售战略的意义和价值，只会掩盖银行战略的情景性和时代性。当前，中国银行业所谓的“零售”战略背后更多是银行商业模式的创新，其实质是金融科技背景下的个人或小微企业的普惠金融战略。

第二，体系错配危机。一些银行尽管洞悉了变革，但仍然期冀在现有体系内可以应对变革。这类银行往往是行业内的领先者或者战略管理活跃的银行，它们看到了中国银行业所面临的革命性挑战，希望在不破坏既有体系下，完成自身与未来的对接。但这种嫁接在原有体制、体系之上的转型尝试往往举步维艰，其结果并不一定比那些固守原有行业逻辑的银行要好。小微金融战略，被很多银行视作未来业务转型的重要方向，但无论是“大数”定律、“收益覆盖风险”原则，还是供应链或者产业集群内部的整体授信和互保、批量处理、综合服务、专业支行建设，都是在传统银行信贷模式内所进行的创新和探索，它并没有触及小微企业本身的信用评估问题。在经济下行期，互保不仅无法降低风险，反而成为风险的来源。与传统银行不同，互联网巨头小微金融依托大数据对小微企业的非结构化行为和数据进行评估，它开始触及小微金融业务的关键所在——风控技术与风控模式。与之相似的是，传统银行对接互联网的互联网金融战略。从逻辑上看，国内一些领先银行的互联网金融战略非常清晰和完备——通过构筑电子商务和社交平台获取场景、客户和数据，在此基础上对接线上消费金融和供应链金融，但问题是，这些清晰的逻辑背后对接的是银行既有体系中的体制、人才和思维。所以，即使是行业内的领先银行，实施的宏大的互联网金融战略也只能说是勉强令人满意。

第三，对标错位危机。一些银行在制定战略时对新体系、新模式视而不见，但这并非源于它们对这些新主体、新模式缺乏了解，而是习惯性地将行业新主体、新逻辑视为来自其他行业的跨界，其潜台词是相关行为逻辑具有一定的特例性。因此，传统银行在制定战略时，人为地将这些事实上的竞争对手屏蔽。这就会出现一种现象，即国有大行在制定战略时，潜意识中的对手往往是其他国有大行，而股份制大行对标的往往是其他股份制大行，城商行对标的是行业内的领先城商行。很少有大型银行在制定战略时，将蚂蚁金服、腾讯金融、京东金融纳入思考框架。但问题是，依托互联网，这些主体已经在标准化金融服务领域成为大型商业银行的竞争对手，它们正在蚕食大型银行传统竞争优势的逻辑基础。事实上，跨界金融的互联网巨头，已经是中国金融业的重要组成部分，互联网、互联网公司已经在标准化金融领域改变着中国金融业，尤其是中国银行业的行为逻辑。

在行业革命中主动选择生态角色

方法论重构是传统银行战略抉择的前提

中国银行业在相当长时间内行之有效的战略管理方法适应于行业的平滑发展。但内外部环境已经发生或正在发生逆转与结构变化。在这种情况下，要实现成功战略的制定与实施，中国银行业必须首先改变战略管理的方法论，重新构建起适应大变革时代的方法论体系。

第一，从“基于现在看未来”转到“从未来看现在”。其含义有三：一是用战略眼光而非短期财务的角度来审视当前银行的行为；二是要从银行习惯性的“三年规划”所赋予的中短期经营视野向 5 ~ 10 年的战略视野转变；三是根据未来业态发展的终极目标反推渐进实现终极目标的中间形态和合理路径。网点发展和转型就是一例，银行业既要考虑到网点变革的终极形态，又要考虑变革的渐进性，但只有以终极目标为取向的渐进路径才有助于在适应客户习惯渐进改变的同时，实现业态的引领性和竞争性。

第二，摒弃孤立考察自身业务和财务指标增长和增速的思维体系，以行业格局调整为战略思考的背景，以银行个体在未来行业体系中的功能、角色和地位为战略思考的落脚点。以竞争为导向，银行个体不仅对标行业内的先进同业，更要对标行业内新主体、新业态，要将新主体、新业态的竞争行为和潜在市场影响纳入分析框架当中（这在以支付为代表的社会公共服务领域尤为重要），在各种主体动态竞争中，把握战略取向。

第三，将互联网经济所遵循的平台逻辑、生态思想、“赢者通吃”规则、客户体验原则、普惠精神有机融入银行战略制定者的思维当中。一般而言，传统银行思维与互联网思维似乎存在着无法融合的对立。但在未来的银行体系中，两者的有机融合却是必然的趋势。两者融合的基础在于业务属性以及职能属性的有效甄别。

第四，从嫁接式的局部改良向系统变革转变，遵循体制变革优先于战略转型的原则。一方面，中国银行业战略环境的变化是全面的，它需要中国银行业通过系统的转型加以应对。另一方面，经历了企业化、市场化的改革之后，中国银行业的体制红利释放殆尽。不仅如此，日益僵化的体系已经成为中国银行业对接未来的最大障碍。就这个意义上讲，与过去中国银行业的转型相比，目前中国银行业体制变革的迫切性与日俱增。体制变革是新时期中国银行战略转型的基础和前提。从某种程度上说，当前中国银行业所面临的变革可以看作是对银行固有体制的革命。

行业革命是传统银行战略抉择的主要依据

银行的战略分析和制定可以有多种分析维度和视角，但行业的核心战略则决定于中国银行业体系裂变重组的逻辑。从图 5.1 中，我们可以分解出中国银行业当前亟待回答的 5 个问题。

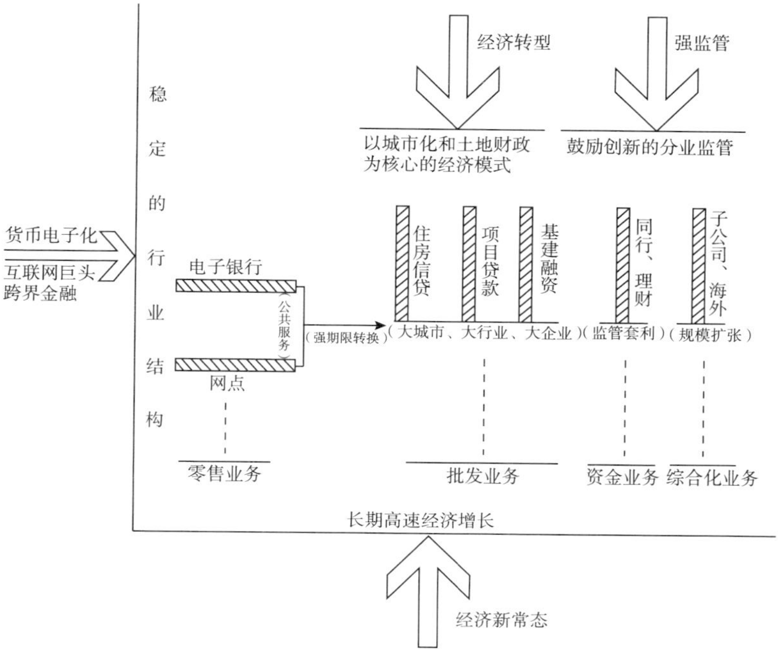

图 5.1　中国银行业主流发展逻辑及其瓦解

第一，地方政府及其相关业务的战略地位问题。由于房地产市场长期供求的转变，通过土地权益抵质押来缓释风险的能力开始被削弱，与此同时，地方政府债务不断高企，这些使强期限错配的风险开始凸显。在这种背景下，一方面，地方政府主导的基建投资金融将更多通过在资本市场发债的形式来实现；另一方面，由于风险的加大，在资金成本和风险成本的双重挤压下，相关领域的贷款融资职能将更多由政府扶持的政策性金融机构来承担，而商业银行将逐步缩小该业务，甚至退出这一市场，基建投资贷款市场将加速萎缩。在此情况下，一些银行赖以发展的“借短贷长”、有政府信誉担保的、强期限转换的赢利模式将无以为继，相关银行需要在战略上重新审视自身的风险偏好，并调整自身的业务结构，并以此来维系资产收益率

（ROA）与净资产收益率（ROE）水平。与此同时，一些政策性银行，在良好的外部环境支持下，不断模糊自身与商业银行的界限，推行事实上的商业银行战略。但随着风险环境的改变，相关银行将再次退守政策性银行的边界，以此来获取相关领域的核心客户和中坚市场，并通过政策上的优惠和支持维系自身的运作。

第二，零售战略意涵的重大改变与新零售战略的推进。与中国经济长期增速放缓相适应的是，中国要素地位的相对变化，土地相对价值快速增长的趋势开始放缓甚至逆转，人力资本快速上升，这伴随的是以消费为导向的经济增长模式。在此背景下，零售业务的战略地位不断凸显，与过去的零售业务发展相比，当前的零售业务发展呈现三个不同以往的特征。一是零售化，过去的零售业务尽管也是个人业务，但却在资产端呈现批发业务的特征（中国银行业零售业务主要是住房抵押贷款业务，其具有批发业务特征），随着住房金融逐步由快速发展转向稳态发展，中国银行业零售业务的零售特征将逐步凸显。二是消费化，过去的零售业务要么表现为负债业务领域的存款业务，要么表现为资产业务领域的投资性质的住房抵押贷款业务，但新时期的零售业务更多表现为资产端非住房金融的消费贷款。三是客户的 O2O 化，与过去的零售化依赖网点或单纯线上不同，本轮零售业务发展的主流客户逐步 O2O 化，它意味着线上与线下界限的模糊。在此背景下，银行需要在移动互联网的基础上重新融入线下场景。可见，新时期零售战略具有与以往不同的意义，在此基础上，中国银行业需要回答如何有效地将传统零售战略进行转型、升级。

第三，经济社会发展与银行市场营销战略的逐步调整。由于以城市化和土地财政为核心的经济增长模式日益难以维系，与之相耦合的产业经济及其结构也将发生变化。产业经济重心将从以投资为主要内容的第二产业的能源重化产业、第三产业的房地产经济逐步向第三产业的消费经济转移，科技企业、科技小企业开始成为经济社会最活跃的力量。而随着不同地区产业经济成熟度的差异以及产业的梯度转移，地区间的发展差异将相对缩小。城市经济对农村经济的反哺、城市资本下乡、乡村振兴战略，将进一步加速中小城市的发展以及乡村的发展。在此背景下，“大一统”和清晰的大城市、大行业、大企业的行业主流市场定位开始模糊，小行业、小企业、中西部地区、中小城市、农村的相对市场地位得到提升。于是，更为细化、个性化的市场定位将成为中国银行业个体营销战略的主要内容。

第四，公共服务与银行的传统地位和优势问题。相对于一般性金融机构，银行具有鲜明的特殊性，这种特殊性来自银行作为社会公共设施而存在的属性。作为社会账户体系的管理者，银行因为自身的公共属性而与一般企业相区分，并由此掌握了低成本资金、客户等战略性资源。但科技巨头对移动支付等领域的蚕食，动摇了传统银行的公共服务地位，并威胁到银行对客户、资金、数据等战略性资源的把控。这就对传统银行提出一个课题，那就是商业银行如何来捍卫自身的社会公共设施的地位，并由此继续掌控新的背景下的战略性资源。但与过去由网点渠道构建的公共服务网络不同，互联网所构建的场景、平台、生态体系已经改变了银行公共服务的形态和逻辑，银行公共服务的普惠金融属性进一步强化。在此背景下，中国银行业需要从战略上回答，在新的历史时期，应如何提升公共服务职能，应如何继续有效占据战略性资源。

第五，系统性变革与深层次创新问题。创新是中国银行业保持活力，实现可持续发展的关键动力。但传统的套利创新之路已经走向死胡同，而走向新蓝海的深层次创新也已经成为中国银行业的必由之路。不过，从当前的实践看，嫁接在既有体系的转型举步维艰。中国银行业进一步的创新发展需要系统性的变革来支撑。当前，新一轮科技革命加速推进，科技公司跨界金融领域显示出强大的生命力。科技公司在对传统银行的经营发展造成威胁的同时，也向传统银行展示了一个可借鉴的体系。它是由不同的价值观念、不同的体制、新的技术和新的能力所构成的体系。传统银行如何吸收科技公司体系的精髓，推进系统性变革以支持深层次创新，成为中国银行业在金融科技时代亟待回答的战略性问题。

由此可见，在内外部环境的改变中，中国银行业面临的根本性挑战在于如何重建赢利能力、重获体系活力，如何维系传统银行业的公共地位。为此，从逻辑上，中国银行业的整体战略需要实现的是：第一，在原有外延扩张的基础上，向新的蓝海市场（消费市场、小企业市场、农村市场）继续扩张，以重建赢利能力；第二，在原有体系中，通过特色化和精细化经营，提升经营质量和价值，以此来维持原有的赢利水平；第三，重建和提升公共服务职能，巩固传统银行的公共地位，重建综合金融服务的入口；第四，在新蓝海战略、特色化经营战略、公共服务战略指引下，重构营销组合策略体系——从以投资为主的业务体系到投资、消费并行的业务体系，从以政府为主的客户体系到以普惠金融客户为主的客户体系，从集中化资源配置到差异化资源配置；第五，为适应上述要求，要进行全方位变革，推行科技公司化，重塑商业银行的价值观，引入全新的体制，积极应用金融科技，培育新的核心能力。

综上，中国银行业对接未来的战略框架应该包括先导战略——以科技公司化为核心内容的系统性变革战略、基础性战略——综合金融服务入口与公共地位战略、核心战略——新蓝海战略和特色化经营战略和配套战略——营销组合与资源配置战略，其他相关战略渗透于这些战略之中。

生态角色的主动抉择是传统银行个体避免行业角色被边缘化的关键

在基于历史因素的长期发展中，中国形成了国有大型银行、股份制银行、城市商业银行、农村商业银行所构成的行业体系。由于禀赋条件、经营范围、服务能力的差异，各类银行在相互竞争的同时，还形成了一定的职能分工以及相互依存的合作关系。比如大型银行由于渠道优势，承担了更多的社会公共服务职能，而与之相适应，大型银行也获得了更为充足的低成本流动性。在这样的背景下，大型银行一般扮演过剩余资金的供给者角色。近些年，随着一些银行推行同业业务发展战略，中国的银行之间的相互依存度进一步上升。以某一个银行为中心，若干银行参与的银行联盟成为中国银行业一种新的竞争形式。在这种竞争、合作体系推动下，中国银行业开始呈现出一定的生态特征——各类银行既相互竞争又在分工合作基础上相互依存。

随着科技公司跨界金融领域，上述进程进一步加速。在科技公司的平台化战略和生态化战略下，科技公司在自身经营金融业务的同时，将平台开放给其他金融机构，以此来丰富金融服务能力，并围绕平台，构建起包括各方主体的生态体系。在这样的生态体系中，一些中小型银行可能借助互联网的力量，获得极速的发展。而在科技公司的蚕食下，传统大型银行逐步丧失独占客户、数据的优势，面临着自身职能退化、战略资源流失、在行业大生态体系中逐步被边缘化的威胁。总之，在科技公司以及一些银行的推动下，行业内组团竞争、合作依存的趋势不断深化。未来，随着科技公司和银行在金融科技推动下进一步拓展细分场景市场以及大型蓝海市场（比如小微企业线上供应链融资市场、农村市场），上述进程将进一步调整不同银行的职能分工和行业角色，并将最终改变行业内的竞争格局。银行的行业角色与核心战略见表 5. 1。

表5.1　银行的行业角色与核心战略

行业角色	特征	竞争性条件	商业逻辑	核心战略
新综合化银行	广泛嵌入生产生活场景的平台构建者，由平台和生态所支撑的综合金融服务体系	拥有成功的嵌入社会生产生活场景的平台，提供了经济社会的主要公共服务，强大的金融服务能力	通过平台掌控客户、低成本资金和大数据，并通过平台构建以自身为核心的生态体系，整合社会资源，大力发展自营金融服务业务	嵌入经济社会场景的公共服务战略、科技公司化战略、新蓝海战略
开放平台公司	广泛嵌入生产生活场景的平台构建者	拥有成功的嵌入社会生产生活场景的平台，提供了经济社会的主要公共服务	通过平台掌控客户、低成本资金和大数据，并将平台开放给其他金融机构，构建以自身为核心的生态体系，最大化自身的竞争力量	嵌入经济社会场景的公共服务战略
服务于特定人群的银行	特定阶层人群服务机构，如私人银行；特定场景人群服务机构，如汽车贷款银行	场景嵌入能力，专业化服务能力	通过市场细分，探索独特的经营模式，提高细分市场经营的精细化程度	特色化战略
服务于特定地域的银行		对驻地市场的深刻理解能力，长期客户关系	探索适应特定地域的经营模式，强化对驻地的深耕，培育与驻地客户长期的合作关系	特色化战略
服务于特定功能的银行	资管特色银行、交易特色银行、金融市场业务特色银行、按揭银行	专业化能力	强化某一领域的专业能力，探索独特的业务模式和商业模式	特色化战略

在未来的行业体系中，占有绝对优势的，是那些掌控公共服务平台，并由此掌控客户、资金和数据的机构，它们行动迅速，产品迭代创新能力强，在大力发展零售业务尤其是普惠金融的基础上，不断向传统批发领域渗透或巩固自身在传统批发领域的优势。这些机构，既可能来自跨界金融的科技巨头，也可能来自传统的大型银行。之所以说这些机构并不必然来自现有的大型银行，其原因就在于目前大型银行所从事的公共服务主要基于网点，但在未来的发展趋势中，在线上与线下界限日益模糊的背景下，场景以及基于互联网的平台将逐步代替网点在标准化公共服务中的角色。不仅如此，从趋势看，未来具有决定意义的公共服务是一个由系列生态体系提供的综合公共服务，既包括金融服务，也包括非金融服务。而这些就考验了掌握平台的机构占领场景、构建生态的能力。国有大行如果不能适应上述历史趋势，同样要面临逐步被边缘化的命运。另外，通过公共服务获取平台和生态，只是这些机构进一步经营金融业务的基础，金融才是赢利的本源。而在当前中国经济社会发展趋势中，这些机构要想成为中国银行业新的王者，还必须有效拓展中国银行业主要的蓝海市场，以此获得成长和盈利。在这里可能有一种特例，就是一些科技公司，虽然掌控了平台，并构建了公共服务的生态，但它们只是单纯做平台，并将其开放给其他金融机构。我们可以将这种情况看作前述模式的特例。更普遍的情况是，一些科技巨头既做自营，同时也将自身平台开放给一些互补性金融机构。

由于这些机构建立在互联网的逻辑上，因此它们对行业的垄断性和掌控力可能要远大于当前国有大行的。互联网在标准化服务上的低成本特征以及“赢者通吃”原则，让这些金融机构大大压缩了其他金融机构的生存空间。在这种情况下，各类银行缺乏核心竞争力的综合化战略将无法抵挡科技机构形成的生态竞争态势。为此，大量传统机构必须通过特色战略来求得生存空间，其维度包括对特定场景的占有、对特定人群的专业服务、对地区市场的深耕和对特定金融服务的专注。显然，这些战略尽管都冠以特色化，但其具有各自不同的内涵与措施。总之，银行个体进行战略选择，实质上是对自身在未来行业体系中的角色进行主动抉择。

第六章　转型现代金融科技公司

银行的衰亡在于银行要成为银行，

而银行的基业长青则在于银行不再像银行。

互联网巨头跨界金融，展现了其强大的创新能力和运行效率。与之相比较，传统银行显得笨拙而沉重，在对接未来的道路上，步履有些蹒跚。从历史长河走来的古老银行，早已弱化了单一的企业基因，规模的不断扩张也带来了大企业的通病。不仅如此，风险防控和合规经营让保守和稳健渗入银行的灵魂。这样的体系和文化，使银行守成有余，创新不足。面对行业革命性的挑战，传统银行亟待以科技公司为标杆推动自身体制、机制的变革。银行以科技公司为师，并不是要学习市面上成功的科技巨头，而是学习科技公司的创业精神及其创新机制的内核。事实上，当前互联网巨头跨界金融所展现的活力，某种程度上，更多体现的是创业公司的体制优势。这些巨头尽管在互联网领域是成功者，但在金融领域还是行业新兵。从这个意义上看，银行向科技公司学习，实际上是向创业型科技公司学习。银行虽然向科技公司学习，但永远做不了单纯的科技公司，金融的属性，决定了银行的转型注定是风险防控和合规经营与体制、机制创新的有机融合。不仅如此，对于银行而言，转型科技公司，首先要实现自身企业属性的回归。当然，金融科技公司是一个体系，建构在体系内核之上的还有风险偏好、核心能力以及行为逻辑。它们也是传统银行转型金融科技公司的重要内容。

转型金融科技公司，但不是金融科技银行

对于传统银行转型金融科技公司，业内有两种不同的提法——转型金融科技公司与转型金融科技银行，表面上似乎是表述上的差异，但事实上，两者具有不同的战略意义，厘清两者的差异，是传统银行走向金融科技公司的第一步。

银行经营的特殊性及其体系沉疴

银行本质是企业，但在漫长的演进发展中，银行的组织特性已经发生了重大异化。相对于西方银行业，中国银行业更具有自身独特的发展轨迹。这一轨迹已经融入中国银行业的基因之中。也正因为如此，大家眼中的银行，已经不再是一种清晰的企业形象，它是企业、行政机关、社会公共服务机构的混合体。这样复杂的组织特点，在赋予银行以经营优势的同时，也阻碍了银行和互联网、金融科技时代的有效对接。

首先，以风险控制名义衍生的职能扭曲。银行是经营风险的金融企业，是特殊的企业。这种特殊性体现在风险管控成为银行组织体系的第一要务。在这种思想指导下，以职能管控为标志的职能部门地位凸显，而在业务部门内部，其结果就是控制大于管理，管理大于服务，从而造成总行对分支行服务严重不足，其中最突出就是产品创新支持的不足。

其次，官商文化。由于银行在国民经济的重要地位，它往往由政

府以某种形式所持有或控制。在这种背景下，银行的血液里又融入了“官商文化”，官商文化对中国银行业的影响是深远的。一是官商文化与总分行体制相结合，造成银行非营利性层级高耸，银行在长期远离市场的情况下不断走向机关化，衍生出职场环境官僚化问题。二是经营行为的短期化、任期化问题。一方面，中国银行业的总分行制，本质上是较大的分权体制——以区域划分的事业部体制，即所谓的“诸侯”经济。另一方面，银行经营具有跨期经营的特点，真实的绩效需要风险暴露后才能显现。在这种背景下，任期制以及以短期为主的激励评价机制（如等级行评定、KPI 考核等）就促使了分支行经营行为的短期化问题。三是银行人力资源管理人事化倾向。人事控制大于人力资源开发，银行人力资源体系日趋封闭。

最后，大企业病。规模经营是银行经营的重要特征，但规模的扩大往往导致大企业病。一是专业分工越来越细，部门和条线分割越来越严重。二是流程不断被拉长，信息传递和决策越来越迟缓。三是大量人才被堆积、闲置，为工作而工作的问题日益突出，员工的精力和才智被导向极致化的形式主义，远离业务和实践的文牍主义盛行。

上述问题渐渐地融入银行的价值取向、治理管控、职能绩效以及企业文化等多方面，并成为银行组织特性的重要组成部分。

“金融科技银行”战略的内在缺陷

“金融科技银行”战略，重点是银行的金融科技化，其核心举措是利用移动互联、云计算、大数据、人工智能、区块链等金融科技提高服务能力，推动银行服务的网络化、数据化、智能化的发展，促进金融科技与银行业务的融合，推动金融科技的基础设施建设，加强科技人才队伍建设，并在银行科技领域引入敏捷开发机制、孵化创新机制，推动金融科技人才管理的科技公司化等。

转型“金融科技银行”是传统银行对接金融科技时代的重要尝试，但其本质是银行既有体系对金融科技体系的植入和嫁接。从体制、机制变革上看，它只是在科技创新领域部分借鉴科技公司的做法，或者干脆通过设立体外的科技子公司来实现科技发展。这样做虽然规避了银行体制文化与金融科技逻辑的冲突，但是这种体制嫁接、局部改良的方式，在银行整体体制、机制没有改变的条件下，效果必然是有限的。最关键的是，正如我们所分析的，在从金匠作坊走向现代组织体系的过程中，银行作为一种特殊的组织形态已经“患有”太多本不属于它的沉疴。在漫长的历史发展中，银行已经发展成为一种异常独特的社会机构——一个由行政机构、企业机构、社会公共服务机构等多种特色机构相混杂的结合体。在这种背景下，单一的金融科技化是远远不够的。传统银行只有在体制、机制、文化上进一步单纯化银行的组织特性，摒弃银行这副沉重的、复杂的、过时的体制和机制躯壳，将企业化、公司化深入推进，才能真正适应快速发展的时代要求。因此，传统银行不仅要积极拥抱互联网与金融科技，更要顺应时代的要求，以金融科技公司为样板，从根本上推动整个银行体制、机制、文化的变革：向“金融科技公司”转型，而不是向“金融科技银行”转型。

转型金融科技公司首先是“去银行化”

金融科技公司战略具有丰富的内涵，它包括 3 个层次。

一是现代企业化、公司化。传统银行在体制、机制以及文化上进一步推进现代公司化改革，重塑中国银行业的价值取向、治理管控、职能绩效以及企业文化。二是金融科技化。传统银行积极拥抱金融科技，通过金融科技应用，构建适应互联网与金融科技时代的能力体系以及与之相适应的风险容忍度。三是科技公司化。传统银行以科技公司为模板所推行的全面变革，包括通过金融的行业属性与科技公司体制内核的对接所进行的创业创新的组织构建，也包括在营销领域的行为体系中融入互联网的逻辑。

显然，这3个层次是一个发展、进阶的过程。只有在价值取向、治理管控、职能绩效以及企业文化方面的全面变革，传统银行才可能真正积极拥抱金融科技，才可能真心而有效地将科技公司的体制精神、行为逻辑融入自身的体系之中。从这个意义上讲，传统银行转型金融科技公司首先是“去银行化”，即先要消除传统银行概念中的沉疴，以全新的面貌投入对接未来的变革中。具体而言，“去银行化”主要包括以下几点。

第一，进一步明晰银行的现代企业属性以及市场化的公共服务企业属性，推进选人、用人机制变革。第二，通过完善公司治理、平衡考核激励导向，解决银行跨期经营中的道德风险问题，促进分行经营的平稳发展，破解总分行体制下“一管就死，一放就乱”的委托代理问题。第三，甄别总分行各部门、条线中的职能属性，将管控职能与服务支持功能相区分，通过管控中心与服务中心的分置，强化总行、分行的服务功能，提升总行、分行对业务前端的内部服务。第四，纠正银行职能部门机关化倾向，抑制职能部门管控权力膨胀。第五，扭转银行的部门、机构设置的过度专业化倾向，简化、归并、裁撤机构，调整资源配置，将资源最大化地配置到前端和基础设施建设中。第六，通过区分工作、文牍的性质，杜绝银行过度追求形式，远离实际问题的形式主义和文牍主义。第七，在解决跨期委托代理问题的条件下，因地制宜地对总分行体制进行渐进式调整、改造。

银行需要通过风险偏好差异化调整为转型科技公司拓展战略空间

银行是风险管理与经营的特殊企业，风险偏好是银行行为的逻辑基础和约束因素。风险偏好调整是传统银行转型金融科技公司的先决条件。

传统银行对接互联网、金融科技，面临全新的业务风险挑战

第一，风险本身的结构和性质发生重大变化。在业务中，传统银行主要面临信用风险、操作风险、市场风险、流动性风险和声誉风险。在互联网与金融科技时代，由于互联网和金融科技成为主要的服务方式，网络欺诈风险前所未有地凸显出来。与传统银行的业务风险相比，网络欺诈风险具有独特的性质和特征。一是与技术相伴。网络欺诈与反欺诈是欺诈者与银行之间智慧与技术的攻防较量。二是职业化倾向。这主要是指熟悉互联网技术的特定群体专门从事相关活动。三是产业化发展。这主要是指，目前，在网络诈骗、虚假申请、金融钓鱼攻击、伪卡交易等领域已经形成了完整的黑色产业链：产业链上游批量制造木马病毒，攻击网络系统，窃取、出售数据和信息；产业链下游利用购买的数据和信息进行盗窃、诈骗。

第二，技术、方法成熟度带来的业务风险无可规避。银行应用金融科技拓展蓝海业务，是一个在业务拓展中不断完善技术和方法的过程。金融科技的深度应用，其核心在于大数据风控，但是大数据风控技术及其能力的形成和完善并不是一朝一夕可以完成的，其有赖于若干个环节和过程，包括大数据基础设施的逐步完善、数据来源及其管理平台的完善、大数据风控模型在具体业务领域与业务模式的融合、小范围实验到大规模应用的迭代成熟，以及大数据风控体系最后在业务实践中经历经济周期的校验和调整。可见，由技术和方法不完善带来的业务风险不可避免。

第三，新兴业务的高收益必然与高风险相伴。互联网金融的真正优势在于普惠金融领域，即主要解决过去不受重视的“80%”的长尾

客户的金融需求问题，它包括小微企业金融服务、三农金融服务以及没有完善信用记录的个人金融服务。这些业务领域，对于中国银行业来说，是一个前景广阔的蓝海市场，但机遇背后也意味着更大的业务风险。针对这些业务，传统的以财务分析为主的风险评估方法和工具失效；现有征信体系覆盖不完全；由于缺乏有效的抵质押物，传统的抵质押征信手段失去用武之地。相对于传统大中型企业客户以及个人住房抵押贷款客户、信用卡客户，与上述客户相关的业务模式具有更大的业务风险。

风险与体验的再平衡成为银行服务风险决策的新约束变量

在传统银行的服务体系中，尽管各银行都将“以客户为中心”的理念挂在嘴上，但却在实践上难以真正贯彻。从个人金融服务领域来看，这种均势来自几个方面。一是大型银行通过账户和网点的规模效应形成了自然垄断效应，新进入的银行要复制相关网点扩张的做法，针对同样的客户，需要付出更大的边际成本。二是新进入的银行的网点往往占据了最佳的地理位置，在区位上具有唯一性。这种唯一性也排斥了后来者的挑战。三是客户在银行的服务比较、再次选择上成本较高，也一定程度上抑制了自身的迁移。正是上述3个因素，既让后来的竞争者改进服务的意图变得经济上不可行（只有在高端的私人银行领域才可行，所以很多股份制银行在这个领域实现了超越），也让既有竞争者缺乏改进服务的动力。换句话说，目前各家银行的服务小有差异，但大致相同，这其实有其内在逻辑。无法真正贯彻以“客户为中心”的理念、不重视客户体验，这在本质上是一种市场行为的稳态均衡。

但在互联网金融时代，情况发生了重大变化，个人客户的体验在竞争中的价值开始凸显。它也源于一套逻辑，只不过，互联网金融对以客户为中心的理念的重视，是基于互联网的特点和竞争逻辑。其一，互联网的泛在性消除了网点的“唯一性”。其二，互联网的客户争夺边际成本几乎为零。这两点为互联网金融向传统网点式服务宣战创造了条件。但互联网金融之所以对客户体验极致追求，还源于互联网竞争逻辑所形成的动力机制。首先，在互联网的世界，客户可以轻易对服务进行比对，重新选择服务的成本非常低。其次，互联网的发展，使开户的价值大幅度降低，能成为客户的核心服务机构是胜出的关键。最后，互联网的世界盛行“赢者通吃”的法则，客户体验提升带来的竞争优势是绝对性的。

由此可见，传统银行在深度对接互联网与金融科技的时候，不仅业务风险发生了重大变化，而且风险偏好管理决策的环境变量也发生了重大变化。客户体验成为风险偏好管理决策重要的约束变量。过去那种只考虑银行风险而忽视客户体验的时代已经一去不复返了，风险与体验的再平衡成为银行在互联网与金融科技时代所面临的新挑战。

风险偏好差异化调整是传统银行转型金融科技公司的战略基础

当前，中国银行业风险偏好管理存在三大问题。第一，业务结构、客户结构、业务模式所形成的低风险偏好问题。长期在“基建投资融资、服务大中型企业客户和政府机构客户、抵质押业务”的体系下运行，中国银行业已经形成一整套的低风险偏好的思维和行为体系。在中国的银行看来，只有低的不良率才是好银行的标志，而且不良率越低越好。第二，底线思维与“一刀切”问题。银行为了控制风险，杜绝各种例外成为风险暴露的漏洞，各种底线思维被运用到银行的经营管理中，并在实践中表现为“一刀切”倾向。第三，风险管理部门重技术、轻战略问题。风险管理部分作为职能管理部门、经营中的中台部门，更多体现为技术性，其价值导向是唯一的，就是“强化风险管控”，并对银行的战略取向很少予以关注。

上述特征在银行的稳态发展阶段是不存在问题的。但是当银行将金融科技公司作为自身转型目标时，上述特征就与传统银行在对接互联网和金融科技时所面临的风险结构、风险性质、风险偏好决策环境变量相冲突。没有风险偏好的调整，在“一刀切”的风险底线思维限定下，金融科技转型战略将失去具体的战略载体——客户、业务和产品，蓝海市场的拓展创新也将失去必要的试错空间。从这个意义上说，风险偏好调整是传统银行转型金融科技公司的战略基础。

当然，风险偏好调整，并非不重视风险管控，而是在风险总量管控条件下，赋予风险偏好管理以战略意义，并通过客户、业务、产品和技术的不同发展阶段，来差异化管理风险偏好。

创业创新组织构建是转型金融科技公司的精髓和内核

银行转型金融科技公司，体制转型是关键，但银行体制并不能自动与科技公司体制相融合。从表面看，银行的体制、机制与科技公司的似乎并没有太多区别，同样有庞大的组织体系、高耸的晋升层级。在这种情况下，我们有必要厘清科技公司体制的精神实质，找到科技公司体制、机制的内核，并推动金融属性与科技公司体制内核的融合。

创业创新组织是科技公司体制机制的内核

科技公司常给人以组织活力四射、务实、高效、执行力强的印象，尽管科技公司的人才未必是最优的，但人才的潜能却发挥到了极致。而在市场中，小型创业科技公司的上述特征就更为鲜明。小型创业科技公司处于初始创业期，规模小，技术创新、业务创新相伴相生。某种程度上，小型创业科技公司可以看作是科技公司体制优势的抽象化、典型化与模型化。小型创业科技公司的特点体现了创业创新组织的特征。

第一，组织目标清晰而明确。小型创业科技公司往往由一群志同道合的创业者来组建，技术的开发、技术的市场化、公司的生存成为组织最明晰、最统一的目标，组织具有较强的凝聚力和团队意识。第二，有效的激励与约束机制。小型创业科技公司人员规模小，管理幅度小，领导与员工彼此熟识，最关键的是组织内部人员对成功的追求，而成功后的长期激励（如股权及其变现）又使努力拼搏成为自觉的行动。第三，通畅的沟通传导机制。由于组织规模小，自上而下、自下而上以及横向的信息传导顺畅，组织内部沟通成本低，市场变化可以有效传导到组织内部且组织有迅捷的反应。第四，高效的资源配置。创业的过程，就是选择市场机遇和空白点的过程。因此，创业的过程本质上是资源市场化配置的过程。第五，个人价值的充分释放。小型创业科技公司人员少，每个人都为特定的任务而配置，每个人都需要独当一面，都需要承担责任，但同时也被赋予相应的权力。在此情况下，每个人的潜能都能得到最大的释放。第六，市场与业务导向的职能构建。由于公司初创，小型创业科技公司只有极少的职能部门和极少的人员配置（甚至财务部门是由兼职人员组成）。非市场和非业务导向的部门和人员的膨胀带来的低效情况在创业公司是不存在的。第七，融洽的组织氛围。公司规模小，个人价值发挥充分，现实中可纷争的利益少，事业是组织运行根本的驱动力量，而非权力。

大型科技公司通过模拟创业创新组织或建立替代机制来激发活力

创业科技公司在支持创新方面具有自身天然的优势，但公司总要成长，大型科技公司注定要直面规模成长带来的挑战。在这方面，一些优秀的大型科技公司通过模拟创业科技公司的组织特性或建立替代机制，来应对规模成长对创新的影响，具体而言有如下几点。

第一，寻找与组织价值观契合者。一些科技公司在招聘中非常强调应聘者的价值观与组织的契合度。在能力与价值观匹配度的权衡中，这些公司将价值观置于能力之上。它们追求能力强、价值观匹配度高的员工，也接受能力稍差但价值观高度契合的员工，但排斥能力强但价值观相冲突的员工。这些公司更是将这类员工看作是组织统一目标和组织和谐氛围的破坏者。

第二，市场化配置战略资源与内部投资模拟。公司内部通过模拟创业风投市场机制，建立内部产品研发、业务发展的资源配置机制。在这种机制下，针对特定方向的产品开发或业务拓展，内部不同的创业团队通过具体的实施方案向决策层申领相应的资源配置（即所谓的投资）。这使大型科技公司的战略制定和执行由“决策者决定，执行者执行”模式，转变为“决策者与执行者共同制定和执行”，提高了执行者的参与度。与此同时，在竞争中胜出的团队，承受攻坚的压力和责任，但在完成任务后也获取相应的激励回报，这极大地调动了相关团队的积极性。

第三，多级“项目组”的实施体制，以分权为特征的授权体系。小型创业科技公司之所以充满活力，是因为其本身就相当于一个项目组。为此，一些大型科技公司通过在庞大的金字塔形的组织内部构建多层级的、不断转授权的项目组体系来强化执行能力。这相当于在高耸的组织内部构建起不断分权的承包、攻坚体系，从而弱化了直线职能体系的臃肿和低效。

第四，内部服务市场化。为了提高内部产品和服务的提供效率，提高远离市场主体的积极性，模拟外部市场机制，大型科技公司对内部产品和服务进行转移计价和利益分配。这不仅是经营主体之间的利益分配问题，更多体现为后台辅助服务的计价问题。一方面，它对中后台辅助服务贡献进行量化，展现相关部门的劳动价值；另一方面，它通过市场机制，引领中后台部门服务的市场导向，真正关心前台部门的服务需求，因为没有人需要的服务是无市场价值的。

第五，人力资源的内部市场化。人力资源的外部市场化，对于绝大多数企业来说都不是问题，但在内部市场化上却存在诸多障碍。企业内部人力资源的自由流动以及市场化薪酬，有助于实现人尽其才，突破个人发展的瓶颈，调动人员积极性，同时有助于消除部门之间的隔阂和壁垒，也有助于以人员流动的形式消除组织本身所不能解决的条块分割问题。同时，人力资源内部的人员充分流动、市场化薪酬也是项目组体制和内部投资模拟的制度基础。

第六，职能服务的市场导向、业务导向。大型科技公司建立一切为了市场、一切为了业务发展、一切为了员工的职能服务体系，弱化传统强势部门的管控职能，推进其核心职能向资源开发职能转变；分离管理与服务职能，构建市场化的服务中心体系，最大化地减轻员工的后顾之忧。

第七，明晰的考核激励方案、强刺激的薪酬制、股权激励以及潜在的身价升值激励。科技公司通过明晰的考核激励方案、有市场竞争力的薪酬制、长期的激励方案（如股权、期权）以及员工在公司工作以后身价的上涨等方法实现对员工的激励与约束。

第八，强化组织沟通的特殊性安排。在组织中，有相应的汇报路径安排，一般组织都排斥越级上报。从组织行为学角度看，这具有一定的合理性，因为越级上报将扰乱组织正常的运作，侵害上下级的信任关系。但是，当下级越级传递的并非个人“是非纠葛”时，那么，上述的担心就失去意义。不仅如此，一些声音无法向上传递，也阻止了基层将一些关键性问题向上传递的可能，这不仅无助于组织问题的解决，也打击了一线员工的积极性，促发了组织的官僚习气。在这种情况下，一些科技公司开设专门的网络交流论坛，并且“老板”直接参与讨论，这不仅提高了重大问题的解决效率，也拉进了高层与员工的距离，对组织发展的价值不可小觑。

银行转型金融科技公司关键在于实现金融属性与创业创新组织内核的融合

相对于科技公司，银行经营具有自身的独特性。一是银行的真实绩效无法即时显现，银行绩效只有经过风险暴露后才能真实显现。二是银行是经营风险的企业，防范风险是其基业长青的基础。银行转型金融科技公司不是体制、机制的全面科技公司化，而是银行上述属性与科技公司体制内核的融合，它体现为两个要点：第一，银行引入科技公司体制、机制的领域以及应用的条件；第二，银行根据自身金融属性，对相关体制、机制的完善和发展。

应用领域和条件主要是：第一，需要以新蓝海战略为条件，高速增长的市场环境是创业创新组织体制、机制运行的基础；第二，任务导向而非职能导向，创业创新组织体制、机制主要应用于业务拓展、营销、产品创新、科技开发等领域，但不适合应用在传统的风险管理、内控合规等领域；第三，互联网、金融科技领域是关键性应用领域。

关键体制及其完善包括：第一，模拟风险投资机制，引入内部竞争，内部资源配置投资化，投入资本化，建立长期投资结果评价、短期考核并行的考核评价体系；第二，破除内部人才流动的壁垒，构建内部发达、有序、自由流动的人才市场；第三，建立适合的特殊的沟通机制，破除科层制下的沟通障碍；第四，推行辅助部门价值贡献量化，建立内部服务市场化运行机制，破除“大锅饭”和“搭便车”行为，强化中后台工作的激励；第五，结合蓝海战略，推行多种形式的项目组组织，确定明晰的奖惩办法，将银行的战略转型，转化为多层级项目组的强有力的执行行为，并将项目组机制与总分行体制改革、事业部改革有机结合起来；第六，分离职能部门的服务功能，建立统一的、高效的、一站式的员工综合服务体系，真正做到让员工尤其是一线员工轻装上阵，建立一切以一线业务部门为中心的价值导向；第七，推动人力资源等职权部门的转型，让人资部门成为人才成长环境的建设者、内部人才市场的守夜人，而不是用行政手段破坏人才自由竞争的仲裁者、主宰者。

转型金融科技公司的核心任务是依托金融科技构建新的能力体系

传统银行转型金融科技公司，最终是要形成金融科技公司所具备的关键能力。这些关键能力，以金融科技和 IT 系统为依托，决定着新时期银行体系的服务体验和运行效率，是新时期银行拓展新兴业务领域、开发蓝海市场的能力基础。

客户精准营销能力

客户精准营销是大数据技术应用的重要领域。相对于一般行业，如广告业，基于大数据管理的客户精准营销能力对于银行业有特殊意义。广告公司对客户进行精准营销，可以提升广告投放的针对性，提高广告资源的配置效率。在银行的客户经营中，客户精准营销扮演着更为关键的角色。

首先，银行通过大数据分析，构建客户统一的画像，为产品推送和综合金融服务奠定基础。其次，银行结合具体的场景，可以分析客户的综合贡献度和风险情况，从而为差异化定价奠定基础。在银行服务中，资金和服务价格是一个关键性竞争因素，差异化的定价可以让风险小、综合贡献大的客户享受最优的价格或服务，从而提供极佳的客户体验。而且，差异化定价还是覆盖风险、控制风险的有效手段。因此，客户精准营销能力对于银行来说，不仅是提升运行效率、提高资源效能的重要能力，更是提升客户体验、强化风险管控的关键能力。

从目前的实际情况看，传统银行构建客户精准营销能力面临着几个方面的挑战：一是企业级的数据及其管理体系，二是行外结构、非结构数据与行内数据的融合，三是系统与数据分析技术，四是客户精准营销能力与具体的业务场景的深度融合。前三个方面实际上是银行需要解决的大数据用户画像的技术问题，最后一个方面则是银行要解决的用户画像的实际应用问题。

快速迭代的产品创新能力

在银行业，产品的复制和追踪成为一些银行产品创新的重要策略，而在互联网时代，这一现象将更为普遍，其过程将更为迅捷。在这种情况下，快速推出、不断迭代升级的产品创新就成为优秀银行保持产品竞争力和不断保持竞争优势的关键所在。传统银行打造快速、迭代的产品创新能力，需要构建3个相关联的体系。

一是客户服务支持与客户需求捕捉体系。在银行的服务体系中，客户经理作为客户管理、业务拓展的职能而存在。但由于缺乏强大的后台产品知识支持体系的支持，客户经理对客户的产品服务并不充分，而且，客户经理也缺乏相关的意识和渠道将客户诉求转化为产品需求。因此，传统银行要构建快速、迭代的产品创新体系，必须要将产品创新与服务流程延伸到客户终端。而强大的客户经理后台产品知识支持体系就是这样一个关键性的链接机制。二是综合化的产品研发人员体系。银行产品开发是银行业务与IT开发联动的过程。不同业务之间、业务与系统之间的知识障碍，不仅降低了沟通效率，也降低了知识融通所形成的知识碰撞的可能性。因此，银行培养大量的既懂业务又懂产品研发管理流程以及系统开发的综合化人才是打破知识壁垒的关键。现实中，上述人才是存在的，问题在于银行如何将其机制化和体系化，而不是靠具体人员在实践中自我摸索和自发成长。三是引入互联网企业的敏捷开发体系。根据产品功能的重要性和逻辑，银行应将开发项目分成若干个迭代周期，同时尽量缩短开发的反馈周期，从而快速适应新的需求。

渠道一体化服务能力

渠道服务能力是银行服务能力的重要组成部分，传统的物理网点是银行主要的渠道服务方式。20 世纪末、21 世纪初，随着互联网的兴起，银行的电子渠道开始发展起来，但是一直以来，电子渠道还是扮演着辅助服务的角色。但到了最近两三年，电子渠道（网银、自助机具、电话银行、微信银行等）的账务性交易量已经超越了传统的物理渠道，成为银行服务的主渠道。电子渠道崛起和发展的过程，其实也是银行渠道服务开始分割的过程。总体上看，物理渠道与电子渠道产品布设不同步，线上与线下服务难以有效互动贯通，服务及其体验差别巨大，无法实现电子渠道与物理渠道的相互支持、支撑。渠道服务的分割问题，限制了银行服务进一步提升的空间。在日趋激烈的银行服务竞争中，银行亟待处理渠道服务分割的问题。

随着移动智能终端的普及和发展，线上与线下的界限日趋模糊，这为银行的渠道一体化服务创造了条件。互联网与金融科技时代，银行需要依托金融科技实现渠道服务在更高层次上的融合和发展，具体包括以下内容。

第一，顺应线上状态常态化的趋势，大力发展完全互联网基因的银行产品。第二，建立 O2O 式的线上与线下互动服务体系，贯通线上、线下服务，优化服务流程。第三，建立强大的线上后台体系，强化对物理网点、客户经理的知识支持；建立物理网点对客户的网络渠道应用的教育支持，进一步提高网络服务的客户渗透率。第四，从长期看，渠道的一体化服务必将统一于未来的智能服务形态，银行要通过探索未来银行形态，进一步实现渠道一体化服务，提升客户体验。

大数据风控能力

大数据风控是大数据技术在银行领域最核心的应用，传统银行转型金融科技公司，最核心的能力就是要构建大数据风控能力。

在传统的风控技术和模式下，银行运用客户的身份数据、财产数据、收入数据、财务报表上的数据，并辅以抵质押等增信操作来控制风险。但是这样的风控模式及其体系日益无法适应互联网与金融科技时代的市场竞争和市场拓展的要求。首先，传统风控高度依赖身份属性以及信用属性（比如过往的履约记录）等强金融数据。这类数据整合为央行的征信体系，目前这一体系只能覆盖 1/3 的人群。大量的没有信用记录的人群被排除在银行服务体系之外。其次，即时性差，智能化水平低，无法适应银行经营与互联网深度对接的需要。与之相对应，大数据风控不仅将央行征信、代发工资、缴社保金、缴税等信息不断纳入个人信用记录，还将个体的行为数据、交易数据、社交数据作为传统强金融数据的补充，并通过算法和模型，结合云计算，实现了风控技术和风控模式的创新。当前，大数据风控主要应用于与互联网相关的“白名单”主动预授信、反欺诈、信用风险评估与预警等领域。大数据风控，一方面扩大了银行的客户体系，支持了长尾客户的拓展；另一方面，实现了银行风控的线上化、智能化和实时化，为传统银行深度经营、对接互联网创造了条件。

传统银行构建大数据风控能力，主要取决于3方面的内容。一是数据及其结构。传统银行拥有客户的强金融数据，但还必须引入外部其他数据（如公检法、社保、税收等方面的数据以及基于互联网的行为数据、交易数据和社交数据），并在结构性数据的基础上，加大非结构性数据的处理和应用。二是算法与建模。数据要通过算法和建模来揭示风险特征。分客群、分目标的模型，比如反欺诈模型、贷款申请评分模型、风险预警模型、催收模型等，经历不断迭代，才能逐步达到应用的要求。三是IT系统支持。大数据风控，最终要通过IT系统来实现。用以支持数据接入、加工处理、得出结果以及监控管理的在线引擎是大数据风控智能化、自动化运转的基础。

统一法人管理控制能力

在传统银行的管理控制体系中，分行是关键性的节点。尽管总行、集团也对分支行有总体管控，但这种总体管控，主要是建立在差异化授权、事后统计等机制上，这适应了中国经济不同地区的差异性，也通过授权和分权激发了分支行的组织活力。但在互联网与金融科技时代，情况发生了重大的变化。一方面，信息和资源的全行即时性共享需要愈发突出，基于互联网的风险事件日益具有企业级影响，全行性的资源配置效率管理要求不断提升，绩效管理精细化向企业级发展；另一方面，互联网经济下不同地区客户需求差异不断弱化，金融科技的发展为远程、集中、智能化管控提供了条件。在此背景下，通过核心系统建设所实现的统一法人管理控制能力，就成为传统银行在互联网与金融科技时代重要的能力，具体而言是：第一，智能化的集中控制，包括额度统一管理、企业级黑名单、远程集中授权；第二，智能化的经营计划管理体系，包括集团计划指标的预测、编制、下达、执行以及监控的综合管理；第三，智能化的管理会计绩效考核，多维度的盈利分析、成本分摊。

转型金融科技公司要求传统银行用互联网的逻辑重新审视市场行为与竞争逻辑

传统银行转型金融科技公司要求传统银行，在依托互联网和金融科技从事市场开拓与市场竞争工作时，改变自身既有的行为逻辑。

合作与科技的前台化

传统上，IT 科技部门在银行的体系中属于后台支持部门。但在互联网与金融科技时代，这一状况正在发生重大的改变，IT 科技部门前台化趋势日趋明显。蚂蚁金服携阿里巴巴通过“智慧城市平台”促进金融服务的推广。无独有偶，2018 年 5 月 7 日，建设银行的“智慧城市政务服务平台”在安阳上线，该平台实现了全事项、全流程、全场景的政务与便民服务覆盖，形成“互联网 + 政务 + 金融 + 多场景”便民应用相融合的金融服务模式。无论是蚂蚁金服的“智慧城市”，还是建行的“智慧政务”，不难看出，搭建系统和平台都成为金融服务营销最强有力的武器。金融机构的科技优势、科技的前台化让金融机构的营销活动提升到前所未有的高度。

不过，随着科技部门的开发活动与银行业务拓展的联系日趋紧密，相关的挑战也随之而来。作为银行的后台部门，科技部门的运行机制、考核激励、评价体系与市场拓展、业务发展脱节的矛盾日益凸显。首先，作为后台部门，系统的稳定性、安全性是科技部门主要的价值导向，而客户体验很难成为后台部门自觉性的价值导向。其次，作为支持部门，科技部门工作的起点始于系统开发，终于项目完成，银行很难要求科技部门将其工作与金融业务发展相联系，也就是说，项目工作的起点应该是业务发展，结点也应该是业务发展，因为银行的IT系统建设工作根本目的还是在于嵌入自身的金融服务。最后，作为专业化的后台支持部门，科技部门的人员构成、知识结构、运行机制也是单一的技术导向，这也难以适应业务前端的客观要求。

因此，科技的前台化，要求传统银行重建科技部门的运行机制，优化科技部门的人员与知识的结构，构建与市场和业务发展紧密联系的评价体系、薪酬体系以及激励机制，并最终重构前台化的科技部门的价值导向。

金融科技赋能与生态构建

生态化、组团式竞争是中国银行业市场竞争的未来形式。尽管如此，传统银行业的市场行为中已经存在生态化竞争的雏形，其主要有两种形式。一是围绕特定场景，不同性质服务主体为场景客户提供一揽子综合化服务，银行作为服务主体参与其中。比如在网络租房服务中，银行通过与租房公司合作为租客提供金融服务。二是银行之间，基于不同的资源禀赋的差异形成资源共享、内部交易的合作联盟关系。典型的例子是兴业银行的银银服务平台。兴业银行通过同业系统，将中小银行接入，大力发展柜面存取款代理以及同业存款等业务。银银平台实现了网点、存款等资源的共享和交易，提高了资源配置效率，它是兴业银行快速发展的助推器。

不过，相较于传统银行，互联网巨头在生态构建中，走得更快，影响也更为深远。目前，能力输出已经成为百度、阿里巴巴、腾讯以及京东等科技巨头普遍的战略。2018年3月23日，京东金融发布贯穿零售信贷业务全流程的产品“北斗七星”，旨在帮助中小银行提升零售信贷效率，目前已经接入包括江苏银行、南京银行、包商银行在内的近30家银行。京东金融还与近30家商业银行共同发起成立“商业银行零售信贷联盟”，联盟成员优先享受场景开放、技术共享的服务，并优先加入基于区块链技术的反欺诈联盟。从京东金融的举措，我们不难看到，未来中国银行业生态竞争的主要特点：

首先，金融科技能力输出是生态构建的核心手段；其次，科技巨头的赋能形式正从关键能力赋能向全流程赋能拓展，不仅解决互联网金融领域最为关键的反欺诈能力构建问题，还要解决业务发展中全部流程的整合问题；最后，科技巨头不仅通过科技能力输出将中小银行整合起来，还融合了场景开放等要素，不仅解决中小银行的能力问题，也解决了其市场和流量问题。当然，科技巨头也通过生态获得了自身短期缺乏的资源和要素，如资金资源。这是包括科技巨头在内的合作各方借助互联网快速成长的关键性形式。

科技巨头的行为举措代表着中国银行业未来的主要趋势。大型银行如何综合运用科技赋能（能力输出）、资源共享（包括场景）、服务互补等战略构建以自身为核心的，囊括同业和异业的生态体系，中小银行如何充分挖掘自身优势，找准自身的角色定位，积极投身于生态之中，是传统银行避免被生态化竞争边缘化的关键。

竞争优势、关键性资源与战略导向的市场行为

在传统银行领域，传统银行面对的是较为成熟的竞争市场，各种竞争主体通过自身的独特竞争优势（比如大型银行的网点，地区银行对当地市场的根植性经营），获取关键性资源（比如大型银行低成本资金，地区银行与当地政府的关系）而求得生存。竞争的目标直接指向经过风险抵补后的利润。

但在互联网领域，科技公司往往通过高强度的持续投入，追求对场景的占领、市场的分割，而财务目标往往置于次要的地位。支付巨头的成长史，某种程度上就是一部对渠道和客户的补贴史。不过，互联网巨头并非不追求利润，只是在占据优势、获取关键性资源后才通

过赢利模式创新追求最大化利润。

传统银行转型金融科技公司，其业务载体必然是基于互联网和金融科技的创新业务，也就是针对传统业务模式无法有效开发的普惠金融领域。这一领域的开发，对于传统银行而言，同样需要两个环节。一是金融服务入口的构建，主要是指银行对场景的争夺，它关系到互联网与科技金融时代银行竞争的三大关键性资源——入口、流量和数据，入口关乎获取客户的渠道，流量关乎客户及其活跃度，数据关乎风控的有效性。二是在占据关键性资源后，银行进行的产品创新、赢利模式创新。其中，第一个环节最为关键。不过，相对于互联网巨头，银行最弱的环节就在于第一个环节，但它恰恰是相关业务发展的基础和前提。银行之所以不善于做第一个环节的工作，是因为银行在用既有的行为逻辑在做相关的工作。

首先，银行习惯于用财务思维指导工作，其弱化了获取关键性资源的动力和战略定力。其次，银行容易将上述两个环节的工作相混淆，事实上第一阶段的工作——金融服务并不是工作的重心，但银行认为自身是干金融的，所以很容易在第一个环节就把工作的重心定为金融服务。但金融的风险控制特性，会改变第一环节工作的指导思想和工作思维，会极大弱化和束缚第一阶段所需要的进取性和创新性。因此，互联网与金融科技时代，银行需要围绕新时期的竞争优势和关键性资源重塑自身的行为逻辑：第一，建立关键性资源争夺的战略导向而非财务导向；第二，将关键性资源争夺与金融服务相分离，用非金融逻辑（风险偏好、激励考核、工作机制）获取关键性资源；第三，关键性资源的争夺，主要依赖于场景和平台，传统银行要积极引入外部风险投资资本及其机制。正是风险资本带来的低成本资金以及对长期高风险收益的追求，才激发了互联网巨头的战略导向。风险投资机制是改变银行行为逻辑的关键性底层机制。

第七章　决战综合金融服务的入口

人们往往在喧嚣的生活、琐碎的工作中迷失自我，
解决办法就是回到过去，回到故乡，回到老屋，在记忆的
长河中找寻自身的本和源。
面对渠道和入口的技术性分离，银行也需要在探究自身竞
争优势的本和源基础上，找到打开未来的钥匙。

中国银行业的最大危机是什么？互联网巨头跨界金融为什么让我们如此震撼？诚然，这种震撼来自其全新的、富有颠覆性的思维和模式，但当我们仔细审视目前其业务范围时，我们发现，其也是在很小的领域对传统银行构成威胁。不过，即便如此，这仍然消除不了我们的恐惧。原因何在？因为互联网巨头借移动支付等领域的优势，已经打开了进入金融殿堂的大门。而在互联网和金融科技冲击下，银行精心打造的网点和手机银行已经不能保证客户的集聚和黏性，客户、资金和数据——银行赖以生存的战略资源正在远离。中国银行业正面临着潜在的金融服务入口危机。综合金融服务入口之战，将是奠定未来中国银行业格局的关键之役。以“入口”战略代替“渠道”战略，将关乎传统银行的生存和发展。在此，我们需要审视银行的本质属性

及其优势来源，以公共服务“入口”战略续接移动支付大战，以公共服务功能重建推进网点的战略性转型，以公共服务业务发展构建新的银行服务入口。

对接移动互联时代，要求“入口”战略替代“渠道”战略

支付，尤其是移动支付，是银行在互联网时代金融服务的天然入口。银行在对接互联网的过程中，渠道思想是银行的主导思想。电子渠道战略让银行错失了发展移动支付的战略机遇。在移动支付的冲击下，传统银行的渠道功能与入口功能相分离，更为重要的是，“渠道”战略背后的行为逻辑已经成为传统银行对接移动互联时代的桎梏。

正在失去的金融服务入口

随着社会经济的快速发展，支付的战略价值不断凸显。在互联网时代，银行支付向线上迁移，线上支付在完成支付功能的同时，也积累了大量的客户数据，尤其是非传统性的交易数据，这为金融业务拓展奠定了基础。而随着移动支付对线下场景的开拓，银行的金融服务就嵌入了人们日常生活，金融从低频的生产性服务转变成高频的生活性服务。于是，支付的入口地位进一步凸显。总体而言，移动支付以其对场景的普适性和串联性、对多种服务生态体系的整合性，成为金融最重要的入口。在其冲击下，传统银行的网点渠道、网银渠道、手机银行渠道，对客户的吸引和集聚功能都被严重削弱，渠道不再自然地成为银行金融服务的入口。

不过，令人遗憾的是，中国银行业正在市场竞争中逐步丧失对自身金融服务入口的掌控。2013 年以来，中国移动支付市场硝烟弥漫。支付宝和财付通的“两强斗法”为中国金融史的发展书写了浓重的一笔。不过，尽管竞争激烈，但两者却没有输家。相反，银行体系中的

银行和银联却在不知不觉中被边缘化。2018 年第一季度，银行业金融机构共处理电子支付业务 395.92 亿笔，金额 746.33 万亿元（其中移动支付业务 109.63 亿笔，金额 70.82 万亿元）；非银行支付机构处理网络支付业务 1 101.91 亿笔，金额 51.13 万亿元。从交易笔数看，以第三方支付机构为主的非银行支付机构支付量已经大幅度超越银行业金融机构，而在非银行支付机构的交易量中大多数为移动支付。易观数据显示，2018 年第一季度，中国第三方移动支付市场总交易规模达到了 40.36 万亿元。也就是说，从交易金额看，移动支付占据非银行网络支付的近八成。由于移动支付具有小额高频特征，因此，非银行支付机构的移动支付笔数要远大于交易金额的占比。从具体的机构看，支付宝占据第三方移动支付市场的 53.76% 的市场份额，包括微信支付、财付通在内的腾讯金融则是以 38.95% 位列市场第二。支付宝和腾讯金融二者的市场份额达到了 92.71%，占据绝对主导地位。由此可见，从使用频率看，传统银行在移动支付领域已经远远落后于支付宝和腾讯金融。移动支付市场份额的逐步丧失，使传统银行丧失了通往未来竞争的入口。

迟来的线下移动支付战略

对线下移动支付市场的错失源于传统银行相关战略的迟滞。在移动互联时代不断演进，线下移动支付市场的竞争已趋白热化之时，中国银行业才将战略的视线转向线下移动支付。2015 年 5 月，工行在北京与中国银联维萨（VISA）合作，推出亚洲地区首家主机卡模拟技术（HCE）云支付信用卡。2015 年年底，20 余家商业银行联合银联共同发布了基于 NFC 技术的“云闪付”。2016 年 2 月，近 20 家银行接入苹果支付（Apple Pay）。但直到 2016 年，中国银行业才开始重视并积极推进已经成为行业主流模式的二维码支付。2016 年 7 月后，工行、交行、招行等多家银行相继推出二维码支付产品。2017 年 5 月，中国银联也开始战略转向，联合 40 余家商业银行推出银联“云闪付”二维码产品。

不过，相对于中国线下移动支付市场的快速发展而言，中国银行业的线下移动支付战略来得还是太迟了。从 2013 年开始，经历了几年爆发性成长，大约在 2016 年，中国线下移动支付的消费习惯就已经初步养成，以支付宝和微信支付为双寡头的市场格局已经初步确定。最为关键的是，从过去几年支付市场竞争来看，包括银联、银行等传统机构的体系弊端和能力局限表现得淋漓尽致。

第一，模式选择之弊。2013 年以来的线下移动支付大战，总体来说分为两个阵营。一是银联与银行的 NFC 支付模式。NFC 支付早于二维码支付，但由于其需要整合电信运营商、手机制造商、POS 机厂商、芯片厂商、第三方支付公司、银行等多方利益，涉及硬件改造，所以发展极其缓慢。二是支付宝和微信支付的二维码支付模式。该模式本质上是一种 O2O 模式，它通过 App 扫码来实现支付，产业链极其简单，商户不需要配置硬件设备。银联与银行支付模式选择的战略失误是其在移动支付市场被边缘化的首要原因。

第二，平台能力缺陷。平台能力缺陷是第二个原因。2012 年，支付宝推出二维码支付业务。但彼时，支付宝已经经历 10 多年的发展，在线上已经成为集众多场景的超级 App。而微信能够在短时间内与支付宝形成双寡头格局，其高频社交平台属性是关键性因素。至于银行方面，尽管具有电子商务、手机银行等平台，但这些平台对线下场景嵌入不足，使用频率和客户黏性都有限。

第三，市场意识和能力不足。尽管支付模式和平台禀赋是支付竞争的重要因素，但市场拓展本身才是最关键性、最决定性的因素。因为支付宝拓展线下支付场景的过程，其实也是构建和完善支付宝平台的过程。以烧钱为特征的“红包大战”、“打车软件补贴大战”、“双 12 促销”、布局海外支付市场等重大推广活动，彰显了互联网巨头所具有的传统机构无法与之相比的战略魄力以及市场能力。无论是电子商务的发展，还是移动支付领域的成长，互联网巨头都展示了通过一己之力（整合社会资源）培育一个行业，进而占有一个行业的魄力和能力。而在互联网巨头拓展农村金融的过程中，我们同样会见到类似的雄心。

渠道战略之弊

线下移动支付战略的迟滞，其深层次原因在于银行的“渠道”战略之弊。

互联网的产生对于银行的经营发展产生了深远的影响，但这种影响是基于银行认识的深化而发展的。在移动互联网蓬勃发展之前，互联网对于银行而言，更多扮演的是业务和渠道角色。互联网的产生丰富了银行的业务手段，产生了网银；增加了新型的服务渠道，产生了网上渠道和自助渠道。但是当银行经营与移动互联网时代相对接时，银行却走上了战略歧途。本质上，移动互联网的价值在于模糊线上与线下的界限，重新定义线上与线下的战略价值。但渠道思维却让银行沉迷于“线上化”之路，并且越走越远。当 2013 年，支付宝和微信“押宝”二维码支付，“进军”线下市场之时，中国银行业正在忙于补齐电商短板，开发手机银行，强化线上服务体验，开发银行版的快捷支付。但彼时，中国的传统银行已经在战略上输掉了移动支付大战。而这都源于让传统银行与移动互联网时代擦身而过的“渠道”战略，它是一个自成一体的工作逻辑。

第一，渠道集约化的工作导向。传统银行发展网络银行、手机银行的内在动因是实现渠道的集约化发展，其初衷就在于减少物理网点的布设，减少人工操作的成本。这样的工作导向呈现两个特点：一是内部视角，着眼于现有体系和银行自身，并非竞争导向，不是着眼于对场景的争夺和对市场的分割；二是在渠道思想指导下，凡是能够替代物理渠道的线上渠道都纳入战略视野，但在这种泛互联网渠道战略推动下，移动支付的战略价值反而被削弱。

第二，内部协作的工作体系。由于将网络银行、手机银行等定位为银行的新兴渠道，银行的网络银行部门往往负责搭建所谓的网络渠道，然后由银行内部各业务部门填充产品和服务。但这样的体系，不仅资源有限，其更大的弊端在于低效和缺乏本能的市场开拓精神。与之相比较，支付宝等第三方支付公司，不仅整合体系内的资源，如电商平台，还整合了整个产业链的资源。而在支付宝的市场拓展中，支付宝投入重金投资、布局支付场景，并通过“补贴大战”培养支付习惯。其在平台和消费者两端都投入了极大的力量。

第三，跟踪为主的工作方法。在应对对接互联网的问题上，银行普遍缺乏创新能力。产品和业务发展基本贯彻跟踪互联网公司的策略。但互联网世界快速迭代、市场迅速被分割、“赢者通吃”的逻辑与传统银行的发展逻辑大相径庭。跟随战略，让传统银行付出极大的机会成本。2012 年，建行建立善融商务，意图补齐电商平台短板。一石激起千层浪，此举掀起了中国银行业构建电商平台的热潮。但在互联网世界，在没有重大商业模式创新情况下，后来者很难复制成功者的轨迹。电子商务让中国银行业付出了巨大的战略成本，在忙于推进“逆向跨界”战略之时，中国银行业事实上在不经意间已经错过了迈向未来的风口。

第四，线上与线下割裂的思维方向。电子渠道对柜面的替代率是银行追求的核心考核目标。在此情况下，线上化成为银行孜孜不倦追求的理想。但当移动互联网宣告线上和线下界限开始模糊，O2O 模式成为互联网的主流商业模式时，银行的工作思维仍然是线上化。手机银行尽管是良好的移动支付载体，但传统银行早期的手机银行本质上是网银的手机版，并没有嵌入线下交易场景，业务功能仍然以转账、账户查询、生活缴费为主。传统银行与第三方支付的支付战略比较见表 7.1。

表 7.1 传统银行与第三方支付的支付战略比较

主体	战略目标	战略主线	主要举措	战略结果
传统银行	取代网点的交易性业务	线上渠道多样化和物理渠道集约化	积极推进网银、网站、微信、电子商务、手机银行等渠道建设，但手机银行只是网银的迁移，本质上是线上渠道思维的产物	将线上和线下市场对立化，单一线上化失去了流量基础，停留在渠道服务模式
支付宝与财付通（微信）	取代现金和银行卡刷卡支付	场景渗透和消费习惯培养	通过二维码支付的轻量模式跨过产业链障碍，通过对打车软件等 O2O 场景进行补贴争夺场景、培养习惯	占领高频支付场景，是新型的网络金融业态，即以移动支付平台构建起的金融生态体系

“渠道”战略成就了中国银行业线上业务的发展，但也为其丧失移动互联时代下的战略机遇埋下了伏笔。这种局面的产生不是偶然的，它的出现既是银行长期以来战略惯性的必然结果，更是既得利益格局裹挟下的现实选择。银行之所以对推进线下战略迟缓，之所以对第三方支付公司在线下攻城略地采取“放任”的态度，是因为利益使然。事实上，在线下支付市场，银行和银联已经通过银行卡收单业务占据统治地位。而第三方支付公司在拓展线下市场的同时，银行作为绑定的账户方，仍然参与分享手续费，不仅如此，第三方支付公司庞大业务量所带来的巨额备付金更是各大银行激烈争夺的存款资源。直到支付宝因为余额宝横空出世影响到银行的存款之时，银行才如梦方醒，开始“封杀”支付宝的快捷支付（线上支付）。[①] 但此时，支付

① 2014 年 3 月下旬，四大银行对支付宝快捷支付下调额度。

宝的战略重点早已经转到线下，即银行战略取向与支付宝、微信的战略取向已经开始分野。银行忙于构建各种线上渠道并积极充实其产品和内容，而支付宝和微信已经通过移动支付将金融的触角渗透到人们生活的每个角落，构建起未来金融帝国的雏形。

公共服务是新时期“入口”战略的关键方向

“渠道”战略使中国银行业错失移动支付的发展风口，中国银行业亟待实施“入口”战略以替代“渠道”战略。传统上，公共服务属性是银行特殊优势的来源和依据，而在新的历史时期，公共服务不仅是传统银行参与移动支付大战下半场的关键性战略，更是传统银行入口战略真正的落脚点。当前，公共服务大战已经开始，避免公共服务之战沦为第二个移动支付之殇，是中国银行业面临的重大课题。

公共服务是银行支付入口战略的最后机会点

中国银行业对线下移动支付市场的失守，对其在支付入口之争中极为不利。但即便如此，中国的移动支付大战仍然没有结束，产业分工的拓展、技术创新的发展、场景的渗透等尚没有结束。不过，对于中国银行业而言，问题并不在于市场空间是否还有留存，而在于中国银行业是否能找到参与竞争的战略和手段。显然，中国银行业在支付领域尚没有摆脱被动挨打、跟踪尾随的窘境，亟待找到参与支付大战下半场的战略与策略。

聚合支付的崛起给了很多银行以想象空间。由于支付宝、微信、银联等多种支付手段的出现，统一接口就成为紧迫任务，在此背景下，连接第三方支付公司和商家，将多种接口整合的支付服务商及其服务模式——聚合支付就产生了。遵循合规要求，聚合支付的市场拓展主要有三个方向：一是立足于为特约商户的经营活动提供综合支付解决方案、为消费者提供多元化支付方式，二是为商户提供推广活动管理、精准营销管理、供应链管理、数据分析挖掘等个性化增值服务，三是拓展广大三、四线城市及农村市场。[①] 总体来看，在移动支付市场格局初定的背景下，聚合支付成为银行参与产业链分工、分割一定的市场份额、构建金融服务入口的一个较好的业务形态。但聚合支付接触最终客户，业务分散，对市场推广力量要求很高，如何选择场景和关键客户，实现集约化推广，是成功的关键因素。

相对于聚合支付，技术的影响更多着眼于“未来”。当前支付技术创新主要在两个层面展开。一是前端交互技术。目前，银行和支付机构纷纷推出“刷脸”“指纹”“虹膜”“声波”“量子”“物联网”[②]等支付技术。这些技术创新主要着眼于提高支付的安全性和便捷性。相对于二维码对场景的广泛适应性，这些技术的场景适应性有局限性，其商业化应用必须与具体的场景相结合。二是后台处理技术。区块链技术被认为可以从根本上改变金融支付的逻辑框架，它重在解决和重塑支付中的信任机制问题，对未来的支付模式可能产生颠覆式的影响。不过，目前区块链在支付领域的应用还停留在实验室阶段。

不难看出，无论是产业分工细化的市场拓展还是技术创新的商业化，其关键性因素还是场景的应用和选择问题。事实上，对于银行和银联等传统机构而言，NFC 技术模式的选择，甚至平台能力和市场化能力，都不是失败的主要原因。这些机构应该选择适合这项技术模式的场景，选择可以发挥传统机构禀赋优势的场景。相对于第三方支付机构，银行和政府具有更紧密的联系，金融资源优势赋予银行在与政府的交流中具有更大的话语权，而政府掌控着公共服务领域的资源配

---

① 赵宇．谈谈聚合支付的未来（EB/OL）．中国电子银行网，2018－01－05。

② 物联网目前主要有“无感支付”等典型应用，已在停车场场景中试用。

置权。银行可以通过银政合作，在某一领域和某一地区构建起局部的支付体系。而从场景角度看，三、四线城市和农村还是空白市场。但是这样过于分散的市场，开发起来成本高昂。破解这个难题，垂直场景中的行业市场仍然是重点。而与政府相关的公共服务仍然是关键性方向。支付机构只有通过与公权力部门合作，才能以更有效的方式、更低的成本来开发余下的市场。

2017 年是中国支付的智慧交通年，阿里推出了“智慧城市”战略，腾讯推广“智能交通”战略。支付领域的公共服务市场争夺，已经成为支付大战的关键焦点。对于银行来说，它是支付入口战略的最后机会点。

公共服务本身是入口战略真正的落脚点

对于传统银行而言，支付固然重要，但支付并非“世界”的全部。考察银行的机构属性，有助于我们理解上述论断，也有助于我们更好把握新时期银行重建金融服务入口的思路。让银行变得如此与众不同的机构属性是什么呢？它就是公共服务。它既是银行竞争优势的来源，也是支付之所以成为金融服务入口的内在依据。一部银行史就是银行的公共服务属性不断强化的历史。

我们知道，银行发源于西欧古代社会的货币兑换业。最初的货币兑换商只是为商人兑换货币，后来发展到为商人保管货币、收付现金、办理结算和汇款。随着工商业的发展，货币兑换商的业务进一步发展。货币兑换商为了谋取更多的利润，利用手中聚集的货币发放贷款以获得利息时，货币兑换业就发展成为银行了。而且，商品经济的迅速发展和资本主义生产方式的兴起，在推动欧洲大陆的货币兑换商转变成商业银行的同时，也加速了新银行的涌现。而工业革命发生后，货币信用与经济的关系更加普遍化。在此背景下，银行的联合、集中日益频繁，银行业已经成为一个庞大体系，成为社会经济生活中不可或缺的组成部分。不过，随着资本主义经济的高速发展，经济危机也不请自来。由于经济危机的爆发、应对都需要金融体系来实现，因此，旨在对社会经济生活进行干预的央行，应运而生。20 世纪 20 年代以后，“洗钱”开始出现在公众的视野中。1989 年 7 月，西方 7 国首脑会议，成立了金融行动特别工作组（FATF）。自此，“反洗钱”成为银行的一项义务，而“9・11”后，反恐怖融资也被纳入“反洗钱”的范畴。不仅如此，网点的扩张、科技的发展也在赋予银行“代缴费”等便民服务功能。

自此，作为营利性组织的银行已经承载了辅助货币流通、社会的簿记者、国家宏观经济调控的体系和机制、辅助社会治理以及便民服务等公共服务功能。银行公共服务功能的产生，既是自身业务所具有的外部性而产生的，比如银行的经营客体——货币这个特殊商品使其成为国家控制货币和经济的机制，也有经济社会发展加给银行的，比如反洗钱等公共功能，还有科技对银行业务属性的拓展，比如传统上银行作为生产服务业的成员而存在。但在科技的支撑下，银行通过支付、结算，越来越成为居民日常生活的服务者。表面看，公共服务功能是附加给银行的责任和负担，但正是有公共服务功能，银行不仅具有了与一般性企业、一般性金融企业相区分的独特的机构属性，更获得了资源和禀赋优势。

第一，获得了政府在市场准入上的保护。为了避免恶性竞争而损坏公众利益，政府对银行业实行严格的准入制度，不仅法人成立需要审查和审批，银行分支机构的设置也需要得到管理机构的批准。从准入的角度看，银行是具有垄断性的，银行的盈利包含了垄断收益。第二，获得了政府的救济和信用背书。由于银行对国计民生的重大影响，银行业存在“大而不能倒”的现象。相对于其他行业，银行业的倒闭更为政府所重视，政府不惜以财政力量拯救银行的案例比比皆是。这不仅让银行倒闭的概率远低于一般企业，而且事实上政府为银行经营提供了隐性的信用背书，为银行经营提供了便利。第三，更便捷、低成本地获得了客户资源和资金资源。作为社会的簿记者，银行因支付、结算被赋予低成本资金。不仅如此，银行的辅助治理功能，譬如第三方账户存管，赋予银行以客户和资金。

新时期，互联网和金融科技的发展使公共服务在银行经营中的战略价值进一步凸显。一是互联网和金融科技让公共服务的领域极大扩展，对场景的高渗透让公共服务可以天然成为银行经营的流量和服务入口。二是基于互联网平台的公共服务在突破了时间和空间限制后，具有了对客户资源的前所未有的集聚效能。三是基于互联网平台的公共服务，丰富了银行数据的数量和结构，使大数据分析为银行的业务发展奠定基础。

不仅如此，银行积极介入公共服务领域，最关键的是能够发挥银行机构的禀赋优势。公共服务功能的不断强化，使银行具有与一般性企业、一般性金融企业相区别的独特的机构属性。首先，银行在法律层面是企业，追求自身的利润。其次，银行作为社会的基础设施，又具有与提供水电、煤气、自来水等公共服务的机构相似的某些属性。最后，银行还是国家管理和治理经济社会体系的一部分，其某种程度上又承担政府的某些职能。于是，在被赋予了诸多公共服务功能后，银行已经成为企业、事业性机构以及政府的混合体。这让银行与政府合作时更加具有话语权，在公共服务中更容易取得公众的信任。

综上，公共服务才是银行金融服务真正的入口，而支付之所以是银行金融服务重要的入口，是因为其本质源于支付所具有的公共服务属性。也就是说，公共服务本身才是入口战略真正的落脚点。

延伸阅读

开放银行与金融服务入口战略

“开放银行”（Open Banking）是近一两年非常热的概念，2018年被称为中国银行业的“开放银行元年”。2018年7月，浦发银行推出API Bank（无界开放银行）。浦发API Bank是通过API平台，将产品和服务嵌入合作伙伴的平台。譬如，它们被嵌入一些社区App后，业主就可以通过后者直接缴纳物业费。在开放银行的体系中，API就像“连接器”，把金融与各行业连接起来，构成一个开放共享、共建共赢的生态圈。

开放银行概念在国内突然热起来，并不是偶然的，它既缘于国际上一些国家实践的催化，也缘于国内金融科技概念崛起的助推。从过去几年中国银行业理念的发展历程来看，通过支付平台将银行经营前端嵌入生产生活的场景中，并不是一个全新的概念。但与过去不同的是，开放银行概念的崛起与金融科技概念的崛起、金融科技的发展和应用紧密相连。金融科技所附带的技术能力、平台和生态思想，让开放银行更具有了未来银行的某些特征，比如对生产生活平台的嵌入性、开放共赢的生态特征、智能化的服务能力。但就中短期而言，开放银行的战略价值，更多在于整合社会资源、共享数据和客户要素、占据关键性场景，即其核心战略价值在于获取综合金融服务的入口。当然，开放银行的战略重点，正如前所述，仍在于对公共服务场景的争夺。

公共服务之战已经开始

不仅阿里、腾讯等互联网巨头不断渗透公共服务领域，传统银行也开始了由公共服务战略拓展金融业务的尝试。建行“进军”智慧政务业务和住房租赁市场就是最新案例，尤其是住房租赁战略，被建行定位为全行三大战略之首。[1]

建行拓展住房租赁市场，源于中国住房市场的深刻变化。长期以来，中国住房市场价格高企、房地产市场风险集聚，培育租售并举的房地产市场是解决中国房地产问题的根本出路。2015 年以来，中央及地方相继出台政策鼓励租售并举。2017 年 7 月，九部委联合印发《关于在人口净流入的大中城市加快发展住房租赁市场的通知》，要求人口净流入的大中城市发展住房租赁业务，并选取广州、深圳等 12 个城市作为试点。自此，住房租赁市场迎来重大发展机遇。在此背景下，建行于 2017 年下半年开始正式“进军”住房租赁市场。

与以往传统银行以金融服务方式介入产业市场不同，此次建行介入住房租赁市场，主要通过打造公共服务平台来展开。建行通过与政府合作，搭建起包括租赁监管服务、企业租赁、政府公租房、住房共享服务、监测分析五大子系统的全国性住房租赁综合服务平台。该平台将政府、长租企业、房屋承租人、房屋出租人、中介企业各方主体纳入一个以公共服务为基础的产业生态体系之中。具体措施包括：第一，通过与政府、房地产商合作扩大租赁房源的供给；第二，通过线上 App 经营平台；第三，通过外部合作，打造中国建设银行建融家园品牌租赁社区，提升租赁生活品质；第四，以线下网点转型为契机，打造住房租赁金融中心；第五，研发住房租赁价格指数，为市场交易发展提供支持；第六，开展不动产财富管理业务，即所谓的“存房”业务，促进存量房源入市；第七，开发住房租赁金融产品，为政府和租赁企业提供住房租赁相关金融产品，为承租人和出租人提供押金监管、免押金、装修贷款、租房贷款、保险等金融服务；第八，通过政府将平台与政府税务、教育、人口管理、公积金等系统相接，增加平

① 建行三大战略是住房租赁战略、普惠金融战略和金融科技战略。

台的公共平台属性，增加流量和客户黏性。

截至 2018 年 6 月，建行与 300 多个地级及以上城市签订了住房租赁合作协议，243 个城市实现平台上线。建行在银行业中首创了住房租赁价格指数，并已完成 48 个城市的编制工作。建行与近 1 500 家企业开展了租赁市场的业务合作，平台已累计上线房源 35 万余套，出租近 9 万套。

建行以租赁房源供给不足、市场不规范、诚信问题严重、租期短、租住品质差、机构发育不完善等痛点为切入点，介入中国住房租赁市场，发挥了自身资金和科技实力强大、与政府关系密切、社会声誉好的优势。它将商业化经营与社会公共服务相结合，不仅可以直接带来住房租赁金融业务机会，也通过流量的发展，带来客户（包括地方政府、房地产开发企业、租赁企业、中介公司、个人），并能进行大数据积累，这些是建行综合金融服务深度发展的基础。跨界公共服务领域是传统银行市场拓展的新形态，它标志着中国银行业竞争迈入了新的历史阶段。

不过，尽管前景诱人，但要实现上述战略目标，建行仍然面临诸多挑战。从宏观层面看，中国住房租赁市场的最大问题在于住房售卖市场与租赁市场关系没有理顺，它突出表现为租金回报率的吸引力并不是很大，除了既有的土地、税收、金融等因素的影响，更重要的是租售背后权益（教育权、户籍权）的不对等。正是租金价格不合理，才造成了供给的缺乏、机构性的市场主体发育不完善，进而导致行业市场不规范、租住体验差、租住需求萎缩。尽管在与地方政府的合作中，银行可以获得部分话语权，但仍不足以在短期内从根本上改变行业发展的环境。

由于宏观环境尚不完善，微观主体在经营中找到恰当的、独特的赢利模式，就显得尤其重要。近三四年，专业化的租赁机构快速发展，成长起链家自如、优家国际青年社区、魔方公寓、蘑菇公寓和优客逸家等机构。但这些机构尚处于创业期和发展初期。以链家自如为例，截至2017年9月，自如服务租客累计60万人，管理房间25万间，累计服务业主超10万人，管理房屋资产超3 000亿元。目前自如在北京已经实现赢利，但在上海和深圳仍是投入期。行业领先者尚且如此，其他机构的发展阶段就可想而知（大多数机构成立两三年，刚完成B轮融资）。相对于这些创业公司，银行的体制机制能否支撑住房租赁业务发展，仍面临严峻的挑战（即使是子公司化仍然如此）。而且从微观的经营层面看，建行模式仍然需要处理好以下几个关系。一是公共服务与商业化经营的关系。公共服务平台短期内容易取得突破，但长期却容易被削弱，公共服务与商业化经营如何有机结合，形成两者的良性互动，是赢利模式形成的基础。二是批发与零售的关系。银行在联系政府、房地产商以及企业客户时具有优势，这可以作为业务的切入点。但平台的流量最终要靠零售客户。如何处理两者的关系，将两者有机融合，是银行发挥自身独特优势的关键。三是自营与平台的关系。对平台经营而言，银行既可以做单纯的平台，也可以在平台上进行自营。前者有利于短期集聚资源，但要保持经营品质则比较困难。后者见效慢，但经营质量有所保障。因此，银行要能够根据自身的禀赋特征来选择具体的模式，并施行相应的策略。四是租赁与金融的关系。租赁尽管可以赢利，但单一的盈利对于银行而言，价值非常有限，其意义在于金融的深度经营。因此，租赁与金融的深度经营如何对接关乎银行住房租赁战略的成败。

重建公共服务功能是网点转型的主线

网点衰落是中国银行业面临的重大挑战，但目前中国银行业还没有找到比较好的应对之策，各家银行所推行的所谓的转型战略，其实是在互联网冲击下，一种被动的选择。改变这种情况，银行要认清网点衰落的实质，并贯彻清晰的、面向未来的战略。

防御性转型的战略迷失

由于互联网的冲击，尤其是移动支付的广泛使用，银行物理网点的业务量不断萎缩。对此，传统银行通过网点总量收缩、网点布局优化以及网点转型来应对。从具体情形看，目前中国银行业网点转型思路主要有三种。

第一，轻型化。所谓轻型化，是指银行减少现金柜台和交易核算人员，以较少人员和成本投入，实现服务网络的拓展和覆盖。目前，民生银行、平安银行、光大银行、浦发银行等全国性股份制银行所推行的社区银行，实质上是“建在社区里的便民简易支行”，也是轻型网点的一种尝试。

第二，智能化。所谓智能化，是指银行通过网点智能机具的广泛布设以及前台业务后台集中处理的营运体系革新来代替人工操作。2016 年以来，随着金融科技概念不断被热炒，中国银行业智能网点的转型尝试在不断加速。2017 年 6 月，广发银行智能网点在武汉开业；2018 年 3 月，招商银行宣布在上海的首家“未来银行”开业；同年 4 月，建行在上海推出“无人银行”。

第三，综合化。过去几年，一些银行推行综合网点、综合柜员、综合营销团队的网点“三综合”改革。“三综合”改革的目的是减少低效网点，提高人员工作绩效，提升网点效能，压缩网点总量。

三种转型思路尽管有差异，但本质是一致的，都是在互联网冲击下，在物理网点交易业务萎缩下，银行的一种直接反应，其基本思路是压缩网点总量、减少人工投入、加大自助机具投放。在这里，网点被看作是“成本中心”，而不是“利润中心”，也就是说，集约化成为网点转型的核心思想。但是这种思想，恰恰反映了当前中国银行业推动的网点转型所具有的防御性质：外部冲击——既有需要减少——网点绩效下降——集约化改造——轻型化、智能化、综合化。

当前中国银行业的网点转型是对现实冲击的直接反应，但从某种程度看，它并不是一个在前瞻性战略指引下的“积极”应对。无论是轻型化转型、综合化转型还是智能化转型，都面临着实践和逻辑上的双重挑战。轻型化、综合化并不能阻止网点衰落的进程，其价值只是通过集约化暂时获得网点在财务上存在的合理性；而智能化更是一个逻辑上的误区。从现实以及未来趋势看，手机等移动终端的功能从技术上讲是可以完全替代网点的，在这种情况下，大量以物理网点形式存在的自助机具，既没有人工服务的情感交互性，更没有移动终端的便捷性。在现金和银行卡使用频率不断下降的趋势下，以物理网点形式存在的非人工服务将变得越来越尴尬。也正是因为如此，某些网点智能化的“极端”形态——未来银行、无人银行，其实都是一种概念上的尝试和探索，并非对成熟战略的实践。

公共服务功能弱化、金融服务入口地位丧失是网点衰落的真正意涵

将网点转型纳入战略的轨道，银行需要真正理解中国银行业网点衰落的真实意涵。在电子渠道对银行网点的冲击下，物理网点仍然可以承担几项职能：一是开户面签职能，这项职能主要源于监管合规的要求；二是对网络不熟悉、不习惯人群面对面的服务职能；三是复杂的、高端性质的业务提供职能；四是对金融消费者进行教育的功能；五是银行形象和品牌的展示职能；六是物理网点与网络渠道的协同职能。

以上职能决定了物理网点的存在价值，也意味着物理网点并不会因为互联网的发展而消失。但是，我们也需要注意，上述职能尽管赋

予了物理网点的存在价值，但并不意味物理网点可以顺其自然地实现其价值，因为现在和物理网点统治时代截然不同。在物理网点为主流渠道的时代，账户管理、转账汇款等交易性业务赋予银行网点以社会基础设施地位，银行网点服务具有公共服务功能。它自行实现了客户的引流，自然成为银行服务的入口。但随着互联网尤其是移动支付的发展，银行网点交易性业务大幅度萎缩，其社会基础设施的地位、公共服务功能提供者的地位开始被削弱。所以，尽管银行可以通过促使银行功能从交易功能到销售和服务功能的转换来实现转型，但网点仍然面临如何吸引客户、保持和巩固金融服务入口地位的挑战。从这个意义看，银行网点衰落的真实意义是其公共服务功能被削弱。网点转型表面看是解决绩效可行性以及功能转换的问题，但其本质是如何保持和巩固其金融服务入口地位，保持其获取流量、资源（资金、数据）的桥头堡地位。

以公共服务功能重建树立银行网点转型的战略导向

网点的衰落本质上是网点公共服务功能和网点基础设施地位被削弱，也正因为如此，重建网点的公共服务功能、重塑网点的金融服务入口地位是网点转型的战略方向。不过与物理网点主渠道时代不同，在互联网与金融科技时代，银行入口战略首先是互联网入口战略，而实体网点的入口战略，则作为银行整体入口战略的组成部分而存在。

另外，与过去不同的是，支付结算和账户管理天然兼具金融服务与公共服务的双重属性，但在互联网与金融科技时代，银行已经很难在网点服务中找到这样的天然载体。传统银行重建网点的公共服务功能只能通过金融服务与非金融公共服务相融合、嫁接的方式来实现。当前，美国一些优秀的社区银行，通过根植于社区的公共服务来吸引客户的经营模式或许给我们以启示。但是需要强调的是，由于各个银行的金融入口战略存在差异，各个银行重建网点公共服务功能的思路必然存在差异。自此，中国银行业的网点转型之路，将真正走上个性化、特色化之路。不过，尽管如此，中国银行业网点转型战略必然包括以下几点。

第一，网点的核心价值在于获取流量、资金以及数据，即网点转型的战略定位是重建银行金融服务的入口。第二，网点入口战略是银行整体入口战略的组成部分，线上和线下协同和融合，是网点入口战略的存在形态。第三，非金融公共服务是获取战略资源的重要手段，金融服务与非金融公共服务的融合、嫁接是新时期银行服务的主要形式。第四，在银行企业级战略框架下，公共服务的驻地化、社区化、特色化是公共服务入口战略成败的关键。

当前，建行在整体推进住房租赁战略的同时，试图在一些网点中引入租赁服务，并在网点分区中推出具有公益性质的“劳动者港湾”服务，这些都是上述思路的最新尝试。

延伸阅读

从阿里布局菜鸟物流生态看银行拓展住房租赁业务的若干战略问题

2017 年以来，“银行住房租赁业务”成为一个具有特定含义的业务名词，它指的是银行借助跨界住房租赁业务而开展的金融业务，它既包括非金融的住房租赁业务，也包括借此开展的金融业务。2017 年下半年，建行推出旨在拓展住房租赁业务的蓝海战略。11 月 2 日，建行宣布与佛山市政府合作打造首个政银合作的住房租赁监管及交易平台。2018 年 1 月，建行在广东地区首创并推出“家庭不动产财富管理”业务，即所谓“存房”业务。除了建行外，中行和中信银行也在布局住房租赁业务。2017 年 11 月，中行厦门市分行和厦门市国土资源与房产管理局合作。中行将在人房核验、交易撮合、信用评价、资金监管、租赁按揭、租赁融资等方面，综合运用人工智能、区块链、云计算、大数据等科技手段，探索住房租赁金融创新。[①] 从目前情况看，尝试拓展住房租赁业务的几家银行，不约而同地将目光投向了依托金融科技和互联网的平台化、生态化战略。但是，银行具有构建平台、组织生态的权力和能力吗？作为生态的组织者，银行的关键资源和禀赋是什么？银行如何来把控生态的运作？在平台搭建和生态发展中，银行又该如何来制定自身的战略？也许，阿里布局菜鸟物流生态的案例可以为银行拓展住房租赁业务提供相应的思维框架。

阿里布局菜鸟物流生态的战略体系

“菜鸟网络”的诞生，源于电商的激烈竞争。京东商城的崛起，使电商从 C2C 阶段转向 B2C 的历史阶段。在 B2C 时代，物流时效及其服务水平成为电商竞争的焦点。京东商城等电商推出的自建物流战略，对阿里系电商形成巨大压力。对此，阿里推出了一套延续它一贯“平台化、网络化”思维的物流体系，这便是“菜鸟网络”。经过几年的快速发展，成立于 2013 年 5 月的菜鸟已经构建起了一个较为完备的生态体系。爆发于 2017 年 6 月的菜鸟和顺丰的数据之争，从某种程度上反映了菜鸟已经具备对现有的物流界进行颠覆的一些基本素质。根据兴业证券[②]、招商证券[③]的研报分析，我们将阿里打造菜鸟生态的战略，归纳为五大体系。

第一，由股权连接起来的社会化资源的合作体系。菜鸟的运作模

① 银行业开始进军住房租赁市场［EB/OL］．财新网，2017 - 11 - 03。

② 再议菜鸟网络对快递业的影响［N］．兴业证券研报，2017 - 06 - 08。

③ 顺丰 VS 菜鸟：数据之争的实质是卡位［N］．招商证券研报，2017 - 07 - 04。

式可以概括为“专业分工，各司其职”。根据菜鸟的计划，每一个环节都由专业负责该环节的企业操作，通过“流水线”分工将整体效率最大化。这一计划，是通过菜鸟大股东所主导的资本力量来完成的。一是菜鸟通过企业设立时的出资结构，将电商物流中的诸多环节企业拉入其中。菜鸟网络的出资企业涉及电商、快递、金融多领域，包括阿里巴巴集团、银泰集团、复星集团、富春物流、顺丰、申通、圆通、中通、韵达等9家企业。二是大股东阿里巴巴运用资本力量，不断完善菜鸟的生态体系。阿里巴巴大比例持股专业智能仓配一体化解决方案提供商——心怡科技，抢占未来智能仓储制高点；投资全峰、百世汇通、圆通快递，学习快递的运营模式；全资收购高德地图，确保地图资源及物流数据优势。

第二，由电商流量建立起的生态权力与角色定位体系。在菜鸟的生态体系中，菜鸟并不直接与快递企业竞争，它将自身定位于生态的组织者、服务者以及监督者。这样的定位源于阿里系电商的庞大流量所赋予菜鸟在生态中的话语权。在生态运作中，菜鸟又将其衍生为一整套的生态权力体系：通过网络平台，建立面向商家的统一服务入口；要求平台上的商家将物流信息开放给平台，这样，商家在退换货、交易确认等方面无障碍，菜鸟的这一做法使得其能支配商家选择哪家快递；整合运用实体仓储网络与庞大的虚拟数据库、标准化物流服务和物流设施；全流程监管物流服务；开放用户评分系统，让消费者监督物流服务的水平。

第三，由自建仓储、菜鸟驿站、线上入口构成的生态把控体系。[1] 在生态体系中，庞杂的社会资源，往往难以实现既定的服务水准。在这种情况下，生态的组织者需要找到行业的关键控制点，保障生态运

① 顺丰 VS 菜鸟：数据之争的实质是卡位［N］．招商证券研报，2017-07-04。

行效率以及生态的服务水准。菜鸟通过三方面的战略举措实现对菜鸟物流生态的掌控。一是自建仓储体系。京东的“快”源于仓配一体化，直接由仓库发货。因此菜鸟想要达到同样的速度，必然需要有同样遍布全国的仓储网络。这样的仓储网络可以通过盟友加盟、外部租赁以及菜鸟自建来实现，但其背后对生态的掌控力截然不同。显然，菜鸟选择了最具掌控力的自建方式。二是建立菜鸟驿站，形成对下游终端客户的控制和截流。三是线上做“菜鸟裹裹”，对上下游形成卡位优势。

第四，由科技赋能和社会化资本投入构成的要素驱动体系。将仓储、运输、配送、商品、订单、人等诸多环节串联起来，建立前后端一体化的智能物流体系是菜鸟意欲打造的核心竞争力。其一，菜鸟根据天猫、淘宝的交易与物流信息搭建起一个数据网络，即“天网”。“天网”根据其信息大数据的优势，布置仓储，调配物流，提高物流快递转运的效率。其二，菜鸟通过智能化仓库管理系统，提高仓库库存管理、分拣、装货的效率。科技投入的背后，是资本的强大力量。2016 年年初，菜鸟完成了其自成立以来的第一轮融资，融资额超百亿元。2017 年 9 月，阿里巴巴宣布进一步增持菜鸟网络股份（按照协议，阿里投资菜鸟网络 53 亿元）。资本的持续投入，尤其是社会化资本的投入，不仅带来了资金，也带来了对创新文化的支持。

第五，多元化的盈利体系。兴业证券研报分析，菜鸟可能有几种盈利来源：一是菜鸟的仓配服务收益；二是菜鸟通过其网络系统撮合卖家客户和各方物流之间的交易所获得的手续费收入；三是菜鸟驿站代收和代寄服务所实现的代收代付收益，以及加盟菜鸟驿站商户所支付的加盟费和租金；四是增值服务收益，比如供应链金融服务收益。

银行构建住房租赁生态面临的若干战略问题

阿里巴巴布局菜鸟物流生态的相关思想及其战略体系，为银行拓展住房租赁业务提供了借鉴和思维框架。总体而言，银行以平台和生态思想来拓展住房租赁业务，面临着五个战略性问题。

第一个问题，银行是否具有组织生态的天然权力，银行话语权的基础是什么？银行跨界住房租赁业务是否具有可行性？相对于传统的住房租赁中介机构，银行的优势在于信用体系、资金优势、渠道优势、对租赁业务直接赢利的低要求以及紧密的银政关系。当前，住房租赁市场尚在培育和成长的历史阶段，银行的介入有利于政府对市场的监管和对发展的推动。可见，银行介入住房租赁行业、充当生态组织者的权力基础来自银行的综合性禀赋优势。但显然，与菜鸟由自身电商流量获取的权力相比，银行的生态权力并不具有天然的垄断性。这种力量，间接且弱小。由于缺乏强大的、垄断性的生态力量，银行通过平台来打造生态，做生态的组织者和管理者，其难度很大。因此，对于银行个体而言，根据自身的战略目标以及禀赋优势，选择适宜的生态角色，以合适的模式参与住房租赁的生态体系之中，是银行个体住房租赁战略成功的关键。

第二个问题，银行参与住房租赁生态的模式有哪些？银行角色选择的依据是什么？从现实角度看，根据银行参与生态的深度和广度以及银行在生态中的角色，银行参与住房租赁生态可以有三个层次，或者说三种模式：一是作为生态的组织者、服务者和监督者；二是通过关键性跨界业务，成为住房租赁生态的核心和主导者；三是仅仅以金融服务提供者的角色，参与行业的生态中。第一种模式下，银行要构建统一的平台，将产业链条中各种主体组织到平台上，银行制定规则和标准，提供关键性的科技服务，并掌握客户流量和交易数据。这些内容对银行的科技实力、政治权力、资金情况、体制机制等诸多方面提出了挑战。相对于第一种模式，第二种模式对于中国银行业而言，可行性更高。现实的案例中，比如建行的存房业务，将房屋租赁权及其未来收益，看作一种财富或资产。由于银行是财富管理领域的专业机构，这与银行的禀赋特征相契合。同时，它也抓住了中国人的财富多以房产形式存在这个关键点，具有巨大的想象空间。最关键的是，它对银行的能力和生态权力要求相对较低，专业机构的接受度更高，涉及的非市场化因素更少。第三种模式，银行只是在现有的业务框架下，加大住房租赁金融产品创新和资源配置，其创新性和影响有限。

第三个问题，有效运作的生态体系的基本要求是什么？银行如何掌控生态的良性运作？有效运作的生态体系，其基本要求有四个方面。一是专业机构做专业的事，这是生态的基本含义，也是生态功能显现的关键要素。二是统一的平台和入口，这体现了生态的基本特征，即合作性和系统性。三是流程的有效嵌入，这体现了生态的本质，即生态的整合性。这对于银行来说，极为关键，因为它关系银行对客户、数据、资金等战略资源的获取，若没有这项要求的实现，则平台只是机构多种端口中的一个，不具有实质性的生态含义。四是服务的标准化。这对生态而言，关系到生态体系的服务水准；对银行而言，体现了银行的监督权和管理权。从以上内容可以看出，生态权益与专业机构之间可能存在利益上的冲突，生态组织者的利益可能与专业机构冲突，专业机构在生态中的利益可能与自身在其他生态系统中的利益相冲突。如何化解各方的利益纷争，是生态有效运作的基础。从菜鸟的案例可以看出，解决之道有二：一是银行作为生态组织者，主要赚取金融收益，其作为跨界租赁的专业自营机构，主要目的是学习行业经验，而不是与专业机构争夺市场；二是通过广泛的股权关系，将生态中的核心主体连接起来。

当然，以上是针对银行作为生态组织者的情况所做的分析，在第二种、第三种银行参与生态的模式中，上述要求会有所放宽。但是对于第一种和第二种模式而言，银行都绕不开一个关键性的问题，即银行如何掌控生态的运作、保障生态在一种良性的轨道上发展。在菜鸟的体系中，菜鸟对仓储和驿站的控制是其把控生态的关键节点。那么银行在住房租赁体系中，如何把控生态呢？从中国住房租赁市场现实来看，房源是整个生态链条中的关键线索。围绕房源，银行可以把控上游资产持有者以及下游租赁业务经营机构。因此，类似于建行的存房业务，它是银行把控生态的关键所在，也是银行必须自营、必须做大做强的关键业务。

第四个问题，银行推动生态发展的关键要素是什么？其基本策略是什么？银行推动生态发展的关键要素主要有三个。一是金融。银行要发挥自身优势，在租赁生态之中，建立起一个良性运转的内部金融服务体系，通过对租赁生态链条的润滑，提升生态整体的运作效率。二是科技。银行拓展住房租赁业务，其基本思路仍然是互联网思维、科技思维。运用智能化、大数据、物联网破解线下经营的成本难题，用科技赋能实现对中小合作机构的整合，以金融科技推动金融战略资源获取和深度经营。三是资本。互联网世界的平台构建和生态整合，是一个巨大的烧钱过程。银行资金主要来自存款，其赢利逻辑和风险文化，并不能与住房租赁生态构建相匹配，因此，银行拓展住房租赁业务、打造平台和生态，其背后也必须与资本及其逻辑相适应。社会化资本融资、资本化运作是平台和生态成功的另外一条主线。

第五个问题，银行拓展住房租赁业务的盈利来源和赢利模式是什么？银行拓展住房租赁业务，终究是要赢利的。这种赢利主要基于银行在生态中的地位和角色。相对于住房租赁金融中的直接收益，银行跨界做住房租赁业务的意义，更在于其战略价值和长期收益，即住房租赁业务对于银行金融服务的入口意义：住房租赁业务带给银行的数据、客户、资产和资金是银行深度经营的基础。由此，银行跨界做住房租赁业务，其盈利来源有以下几种：一是生态中的综合金融服务收益；二是跨界做住房租赁业务所带来的非金融业务收益，如自营租赁机构收益；三是战略收益，对由生态带来的客户、数据、资产、资金的深度金融开发所获得的收益。相对而言，第三种收益是银行跨界做住房租赁业务的根本目的。

第八章　找寻新蓝海战略的着力点

> 业务永远都有难易之分，但难易的焦点不仅在于业务本身，更在于银行的意志和能力。

长期以来，新市场新业务的拓展，推动了中国银行业的创新和发展。但在传统市场日趋饱和的状态下，中国银行业亟待开拓新的蓝海市场。不过，与过去的蓝海市场不同，以普惠金融为主要内容的新蓝海市场的开拓，是在新技术革命背景下，由跨界金融的互联网公司发起的，技术与业务模式的融合，不仅突破了银行既有的模式框架，更带来了竞争方式和细分行业格局的嬗变。银行业对新蓝海市场的争夺，将最终重塑中国银行业的形态和格局。不过，我们必须看到的是，银行业对新蓝海市场的开拓，面临极大的挑战。从现实看，个人普惠金融正处在日趋成熟的风口；小微企业业务成功与否在于银行能否通过组织架构、风控技术、业务模式的创新，来破解小微业务的难点；农村金融不仅需要银行方的创新变革，还要求需求方的产业化和组织化。

普惠金融是中国银行业战略视野中的下一个蓝海

“普惠金融”概念源于联合国和世界银行 2005 年提出的“国际小

额信贷年”。2015 年年底，国务院发布《推动普惠金融发展规划（2016—2020）》，定义普惠金融为立足机会平等要求和商业可持续原则，以可负担的成本为有金融服务需求的社会各阶层和群体提供适当、有效的金融服务，并明确农民、小微企业、城镇低收入人群和残疾人、老年人等特殊群体为普惠金融重点服务对象。从概念上看，普惠金融主要包括个人普惠金融、小微企业金融以及农村金融 3 个领域。从本质上看，普惠金融试图通过风控技术和业务模式创新来拓展金融的服务边界，让长尾客户享受到更多的金融服务。相对于传统银行客户体系，普惠金融天然具有蓝海性质。不过，作为战略，最近一两年随着业务潜力的释放、生态环境的改善以及银行竞争的加剧，普惠金融才真正走入中国银行业的整体视野。

业务潜力加速释放

过去几年，中国普惠金融业务总量呈现快速增长态势。2012 年以来，尤其是 2015 年以来，中国消费信贷余额保持高速增长，增速超过 20%。截至 2017 年年底，消费信贷余额规模达到 31.53 万亿元，同比增长 25%。其中，中国住户短期消费贷款余额 6.81 万亿元，相当于 2012 年同期余额的 3.5 倍。截至 2017 年年末，全国银行业金融机构小微企业贷款余额 30.74 万亿元，占各项贷款总额的 24.67%，比 2012 年提高了 2.72 个百分点。截至 2017 年年末，中国涉农贷款余额 30.95 万亿元，同比增长 9.6%。其中，农村贷款余额 25.1 万亿元，城市涉农贷款余额 5.81 万亿元，同比增长 11.3%。

政策环境和基础设施不断完善

首先，多种利好政策的实施。从 2018 年起，央行对小微企业贷款以及涉农贷款实施定向降准政策。2018 年 7 月 5 日起，央行下调邮储银行、城商行、非县域农商行、外资银行准备金率 0.5 个百分点。另外，2018 年 6 月 25 日，五部委联合印发《关于进一步深化小微企业金融服务的意见》，增加支小支农再贷款和再贴现额度，下调支小再贷款利率，将小微企业贷款纳入中期借贷便利（MLF）的合格抵押物范围，加大小微贷款利息收入的税收减免力度。其次，征信体系的发展。截至 2017 年年底，央行征信中心收录自然人信息 9.5 亿人，有贷款记录的约 4.8 亿人。2015 年，央行批准芝麻信用、腾讯征信等 8 家机构作为个人征信业务试点。2018 年 1 月，中国互金协会携 8 家个人征信机构申请建立百行征信有限公司（即信联）。第三方市场化征信机构的发展，不仅扩大了中国个人征信的覆盖范围，也将中国个人征信推向了大数据征信时代。再次，担保体系的构建。2016 年，财政部联合几部委成立国家农业信贷担保联盟有限责任公司，国家农担公司通过设立省级农担公司以及市县等地的分公司和办事处，初步打造了一个多层次、广覆盖、财政支持的全国农业信贷担保体系。最后，互联网与智能终端的快速发展。截至 2017 年 12 月，中国网民规模达 7.72 亿人，普及率达到 55.8%，超过亚洲平均水平 9.1 个百分点。其中，手机网民占 97.5%。农村地区网民线下消费使用移动支付的比例已由 2016 年年底的 31.7% 提升至 2017 年年底的 47.1%。

战略意涵和战略价值发生重大改变

随着市场竞争的加剧，普惠金融在中国银行业改革发展中的战略意涵和战略价值也正在发生重大转变。作为银行战略，过去中小银行大力发展普惠金融，主要是基于自身的禀赋特点，在行业体系中形成差异化客户定位，形成错位发展和特色经营。但随着普惠金融作为综合金融服务入口和基础属性的增强，以及巨大的发展潜力，普惠金融战略就更多具有了平台意义和蓝海性质。也正是因为如此，普惠金融战略的实施主体正从中小银行向大型银行拓展。

基础价值的战略回归是个人普惠金融战略的最终落脚点

长期以来，普惠意义上的个人客户，其业务价值主要体现在存款、支付等基础业务上。但 2013 年余额宝横空出世，拉开了个人普惠金融深化发展的序幕，而移动支付的发展则进一步加快了中国个人普惠金融发展的步伐。但最具决定意义的是个人普惠消费金融在近几年的爆发。相对于支付和资产管理而言，个人普惠消费金融的发展，触及了个人普惠金融的核心领域，是个人普惠金融利润相对丰厚的部分。不过，这也带来一个问题，那就是个人普惠金融在银行新蓝海战略中到底扮演什么样的角色，其战略定位到底是什么。它决定了个人普惠金融战略的最终落脚点。我们考察个人普惠消费金融的发展，有助于理解和审视上述问题。实践中，个人普惠消费金融，主要是对传统的长尾客户提供消费信贷服务，大学生、蓝领是主要的人群。不过，为了整体了解和理解消费金融，我们需要将非普惠性质的消费金融一起来考察，它主要包括个人住房贷款（按揭）和信用卡贷款等业务。

快速发展的个人消费金融

消费型社会的形成、社会生活的互联网化、大数据风控技术的出现，让个人普惠金融开始步入快速发展期。

一是商业银行是消费金融最主要的服务者。截至 2017 年年底，商业银行消费贷款余额 30.99 万亿元，占金融机构消费贷款余额的 98.3%。银行消费金融主要通过 3 项业务来开展。第一，个人住房贷款。截至 2017 年年末，银行个人住房贷款余额为 21.9 万亿元，占银行消费贷款余额的 70.6%。总体而言，中国房贷市场受房地产市场调控影响比较大。第二，信用卡融资。截至 2017 年年末，全国信用卡发卡数量共计 5.88 亿张，信贷余额为 5.56 万亿元，占金融机构短期消费贷款余额的 81.6%。银行大力发展信用卡分期业务，通过与场景合作推广联名卡，网上发卡，推出虚拟信用卡主打网络支付，是信用卡市场竞争的主要方式。目前，银行信用卡业务主要针对信用较好的优质个人客户，市场定位和产品创新同质化比较严重。不过，2017 年 1 月 1 日，中国央行《关于信用卡业务有关事项的通知》正式实施，给予了发卡主体更多的自主权，银行信用卡业务发展迎来差异化竞争时代。对接互联网、拓展客户边界成为其发展的主要方向。第三，线上消费贷款。近几年，一些银行积极进行互联网消费贷款产品创新，成为消费贷款重要的增长点。2017 年，建行新增个人消费贷款 1 176.13 亿元，增幅 156.74%，这主要是由于“建行快贷”电子渠道的个人自助贷款快速发展。农行个人消费贷款新增 184.37 亿元，增长 15.5%，这主要是由于“网捷贷”、个人自助质押贷款等中短期线上消费贷款增长较快。

二是持牌消费金融公司行业整体规模有限。由于消费金融公司门槛较高，能获得消费金融牌照的公司不多，截至目前，中国有 25 家消费金融公司获批，已开业的有 22 家，主要是北银消费金融、中银消费金融、捷信消费金融、招联消费金融、马上消费金融、苏宁消费金融、兴业消费金融等公司。主要持牌金融公司的经营规模见表 8.1。近两年，部分消费金融公司发展很快，赢利能力已经超越了个别小型上市银行（2017 年，招联消费金融公司、捷信消费金融公司净利润超过 10 亿元，已超过无锡银行、江阴银行等小型上市银行）。但行业整体规模较小，截至 2017 年年末，行业整体贷款余额在 1 500 亿元到

2 000 亿元之间，占中国短期消费贷款余额的 2% ~3%。从投资主体看，持牌消费金融公司可以分为银行系消费金融公司和产业系消费金融公司，其中大部分为银行持牌消费金融公司。从实际情况看，消费金融公司的业务模式多种多样。但总体而言，银行系持牌消费金融公司充分利用母行在资金、客户、风控上的优势，积极拓展消费金融场景。而产业系消费金融公司则主要依托母公司的产业链条，服务于产业链条上的消费者。当前，增资扩股和资产证券化成为一些消费金融公司扩大经营的主要举措。

表 8.1　截至 2017 年年末，主要持牌消费金融公司的经营规模　（单位：亿元）

消费金融公司	成立时间	注册资本	营业收入	净利润	贷款余额
招联消费金融	2015 年 3 月	28.6	41.63	11.89	468.29
捷信消费金融	2010 年 11 月	80	132.36	10.22	—
马上消费金融	2015 年 6 月	13	46.68	5.78	298.45
中银消费金融	2010 年 6 月	5	40	13.75	—
兴业消费金融	2014 年 12 月	3	10.36	2.09	98.7

三是互联网消费金融爆发性成长。2013—2016 年，中国互联网消费金融业务交易规模从 60 亿元增长至 4 367 亿元，年均复合增长率达到 317.5%。① 尽管整体市场规模不大，但增长迅速，并且涌现出微众银行“微粒贷”“京东白条”“蚂蚁花呗”等具有较大市场影响的产品。本行业主要由 3 类机构，并展现了不同的业务模式。第一，电商或网络社交平台。腾讯金融、京东金融、蚂蚁金服充分利用自身的平台优势，通过平台获客、大数据风控、线上审批不断拓展客户服务的边界。截至 2017 年 8 月，成立两年的微众银行的消费贷款余额已经突破 1 000 亿

① 资料来源：艾瑞咨询。

元。第二，分期购物平台。这样的平台主要是创业公司，主攻特定人群的分期市场，主要为大学生、蓝领等传统长尾客户，相关平台通过与校园周边的商户以及购物网站合作，开展购物分期贷款业务，并通过线下团队进行市场拓展和风控。分期乐与趣分期是相关领域的领导者，目前两家机构贷款规模与贷款余额已经超过部分消费金融公司，接近中银这样的老牌持牌公司。第三，其他互联网金融机构。自从2017年监管层对现金贷等业务开启严厉整顿后，很多经营现金贷业务的公司以及P2P平台都开始转战消费金融领域。此外，网络小贷公司也对互联网消费金融有所介入。表8.2为个人普惠金融市场格局与发展概况。

表8.2　个人普惠金融市场格局与发展概况

主体	基本情况	商业模式	典型产品
商业银行	以线下渠道为主，依托存量客户优势和资金成本优势，推动消费金融产品创新和场景延伸。近两年以建行为代表，加大了线上产品创新	客户主要是央行征信体系覆盖人群。具体模式有：第一，以信用卡为载体，拓展场景分期业务；第二，与场景合作，为客户提供金融服务，如“汽车贷”；第三，通过网络提供金融服务，包括纯线上产品、白名单推送、大数据风控和线上审批	信用卡分期、“汽车贷”、“建行快贷”
持牌消费金融公司	消费金融公司共25家，有22家已开业，其中有19家为银行系持牌公司，其余以产业系为主导，包括马上消费金融、海尔消费金融等公司。牌照是持牌消费金融公司相对于无牌照公司的重要优势，其带来同业授信、同业拆借、发债等融资便利	依托母行或母公司在资金来源、客户资源、风控措施等方面的优势，积极拓展消费金融场景。银行系消费金融公司的客户定位与银行相似，产业系主要定位于服务产业链条上的消费者，以实现产融结合	—

续表

主体	基本情况	商业模式	典型产品
互联网平台金融机构	包括蚂蚁金服、京东金融、腾讯金融等。依托电商或网络社交平台的流量优势和大数据优势，提供线上消费金融服务	以平台为核心构筑综合服务生态圈：平台获客 + 大数据风控 + 线上业务。客户既包括传统征信体系覆盖人群，也包括大量长尾人群	“京东白条”“微粒贷”“蚂蚁花呗”
分期购物平台	约 200 家互联网消费金融企业，多为创业公司	资金端对接 P2P 理财，资产端嵌入高频场景，包括 3C 产品消费、租房、二手车交易、装修、旅游等领域，客户主要定位于没有信用记录的在校学生、蓝领、农民等长尾人群，线下地推团队（如校园兼职人员）承担活客和一定的风控职能	分期乐、趣分期、爱学贷

警惕普惠消费金融领域的潜在危机

2015 年以来个人消费金融的快速发展，尤其是非抵押贷款消费金融的发展，让人们意识到了个人普惠金融的商业价值。因为过去几年非按揭消费金融的爆发得益于互联网金融的快速发展，其主要客户是长尾客户。但过快的发展，也伴随着种种乱象。这些乱象有些是事物在初期发展必然经历的过程，有些则是特殊发展模式的结果。对于前者，行业的发展将解决相关问题；但对于后者，行业则需要充分警惕。尽管个人非按揭消费金融是中国银行业的蓝海市场，但这些乱象的出现使个人非抵押贷款消费金融面临着迅速从低层次、不成熟蓝海市场蜕变成低层次、不成熟红海（甚至是死海）市场的风险，具体包括以下内容。

第一，非抵押贷款消费信贷资金违规流入楼市和股市。媒体报道，2018 年首月，监管机构开出 497 张罚单，罚没金额超过 8.98 亿元。而消费信贷资金违规流入股市、楼市等成为银行业金融机构“吃”单的高发“罪状”。第二，互联网消费金融领域形成套现黑色产业链。开展欺诈业务的“黑产”使用人工智能、大数据等技术提高欺诈水平，以降低欺诈成本和难度。比如“养卡”诈骗，现在“黑产”已经有软件自动养卡，无须人工操作，大大降低了养卡的诈骗成本。由于农村存在大量信用白户，于是有“黑产”从业者开着大巴车去农村收身份证用于诈骗。[①] 第三，行业过度授信，多头共债问题突出。多头借贷是指单一借款人在多家机构提出借贷申请的行为。由于各家平台信用信息没有实现共享，加上现金贷无特定场景的业务特征，使得多头借贷是当前行业的重要风险。前海征信“常贷客”产品数据显示，现金贷共债者比例超过 60%，他们至少在两家现金贷平台上有借贷记录，平均借贷次数为 6 次，其信贷违约风险是普通客户的 3～4 倍。[②] 第四，对不具有还款能力的青年学生过度开发。销售误导、以贷养贷等问题在校园贷领域比较突出。第五，行业从业机构鱼龙混杂，逾期暴力催收，以消费金融之名行高利贷之实等问题突出，一些互联网金融实质上是高利贷的线上化。第六，开展业务的过程中，平台泄露借贷者的个人信息，甚至有些平台会以这些信息来牟取利益。当前平台借款用户资料在平台与平台之间、平台与中介之间被买卖几乎已是公开的秘密。

2017 年，随着《关于规范整顿“现金贷”业务的通知》等系列政策的颁布，中国消费金融市场的各种乱象得到了一定的整治，不过仍然

---

① 张伟，费斌杰．中国消费金融行业发展与规范［J］．清华金融评论，2018（1）。

② 巴曙松，黄文礼，许南燕．现金贷的风险来源分析及其监管［EB/OL］．金融界网站，2018－05－07。

存在着过度授信、多头共债的风险问题。而制约行业进一步发展的深层次问题——持牌经营、客户教育、风控技术和体系等，进一步凸显。

互联网时代个人普惠金融市场及其战略价值的再审视

对普惠意义上的消费金融发展情况的分析有助于我们全面审视个人普惠金融市场的发展深度，进一步明晰个人普惠金融的意义和战略。而且，作为个人普惠金融的重要组成部分，消费金融也需要在银行个人普惠金融战略整体框架下找寻自身的发展定位和相关战略。

从中国个人消费普惠金融发展的情况看，银行对长尾客户的过度开发、"重流量"、"轻风控" 是行业目前的问题。它的背后是互联网金融做大流量，通过讲故事融资，借以求得生存的逻辑。但这样的模式，虽然具有短期的商业可行性，却不具有长期的可持续发展能力。不仅如此，急功近利的做法，往往还与行业发展初期的种种不规范现象（比如销售误导、信贷欺诈、暴力催收、高利贷、非法集资）相结合，严重威胁行业的培育和发展。

事实上，尽管长尾客户属于颇具潜力的蓝海市场，但是在近几年住户部门被快速加杠杆的背景下，蓝海市场的短期承受能力还是相对有限的。上海财经大学高等研究院田国强等人认为，尽管 2017 年中国家庭债务占 GDP 的比例为 48%，表面上较低，但中国 GDP 与居民收入之间的相关性较弱，因此，我们改用家庭债务与可支配收入的比例来观察中国家庭债务情况会更恰当。按照他们的研究，截至 2017 年，中国家庭债务与可支配收入之比高达 107.2%，已经超过美国当前水平，更是逼近美国金融危机前峰值。[①] 当前，中国的消费增速已

① 田国强，等．警惕家庭债务危机及其可能引发的系统性金融风险［R］．上海财经大学高等研究院报告。

连续7年下滑，社会消费品零售总额的增速已经由2011年的20%下降至2018年6月的9%。宏观上的经济分析如此，微观上的社会分析亦是如此，以贷养贷、拆东墙补西墙的消费和金融文化正影响着年轻一代的消费习惯。因此，无论是从商业可持续性还是从商业伦理方面出发，确立长尾客户的合理边界是个人普惠消费金融的当务之急。

从个人普惠消费金融面临的问题，我们可以得出个人普惠金融目前在银行战略体系中的价值。在相当长时间内，银行把业务重心放在所谓的20%的优质客户身上，普惠意义上的个人客户，其业务价值主要体现在存款、支付等基础业务上。近几年，随着消费金融（包括住房抵押贷款、信用卡以及普惠消费金融）整体的快速发展，尤其是在住房抵押贷款业务受市场和调控影响比较大的背景下，普惠消费金融被给予了厚望。但从风险和商业可持续性角度看，包括普惠消费金融在内的个人普惠金融仍然需要从银行的长远发展来审定其战略意义。个人普惠金融是银行长期发展的金融服务入口以及战略性资源的获取途径。银行通过普惠金融获得廉价沉淀资金，金融数据是第一位的，短期的利润是第二位的。它关注的是个人普惠金融对银行的长期意义和综合影响。

在个人普惠金融总体定位下，确定合理开发边界、适度发展、稳健发展，应该是银行发展普惠消费金融的基本原则。普惠消费金融与普惠性资产管理业务、移动支付业务将构成银行个人普惠金融的主要业务架构，共同实现个人普惠金融作为未来发展基础的战略价值。在具体的普惠消费金融发展策略上，银行要充分理解自身的优劣势，围绕普惠消费金融发展的三大要件——场景和获客能力、风控能力、资金及其成本，打造自身的核心竞争力。总体看，商业银行以资金体量优势扮演着资金批发商的角色，积累了庞大的客户基础，掌握的储蓄卡和信用卡等账户体系是消费金融最根本的基础设施，还具有天然的资本约束和风控优势，以及大量的客户资金往来数据。但银行最大的缺点在于缺乏场景掌控能力。[①] 基于以上因素，银行发展普惠消费金融的策略有以下几点。

第一，在普惠金融整体战略框架下，银行将其与公共服务等入口战略相匹配，依托场景平台，实现与移动支付、资产管理的整合开发和协同发展；在综合收益中，实现普惠消费金融的商业可行性。第二，在消费金融的整体发展中，银行实现普惠消费金融与一般性消费金融的整体开发和协同发展。银行在一般性消费金融（包括住房金融、借记卡、信用卡）领域占有绝对优势，它是银行进一步拓展普惠金融的资源和基础，关键在于银行如何将这些优势有效延伸和嫁接到普惠金融领域。第三，银行充分利用自身的资金和科技优势，与细分场景进行广泛合作，构建普惠金融服务的生态体系，在生态服务与竞争中推进普惠金融的发展。在普惠消费金融市场中，各主体各有优势，关键在于谁能够通过生态来补齐市场培育和发展的资源。因此，生态型服务和开发是普惠金融发展的未来方向。第四，银行进行多种形式、多种类型的产品创新，提高产品的适应性。现金贷和场景贷，各有优劣势：现金贷需求量大，适应性强；场景贷用途明确，风险可控性好。所以，银行要综合发展现金贷和场景贷业务。同时根据不同场景，银行要开发契合具体场景的产品。

业务模式创新与体系变革是驱动小微金融战略发展的两个车轮

小微企业金融业务是中国银行业涉猎比较早的普惠金融业务，但是早期的尝试并不算成功。直到互联网和金融科技的崛起，新兴业务模式和新兴业态为小微金融的发展提供了新的思路。对接这种趋势，

---

① 张伟，王蕾．消费金融的痛点与出路［J］．清华金融评论，2018－04－17。

传统银行要对相应的组织架构及其体制机制进行深度变革，以增量体系推动相关领域的探索和创新。

传统逻辑框架下的业务模式创新成效有限

从小微金融的服务主体看，中小银行是小微金融服务的主要主体。截至2017年年末，商业银行小微贷款余额23.34万亿元，占全部银行业金融机构小微企业贷款余额的75.9%。其中，城商行小微贷款余额占商业银行小微贷款余额的23.1%，农商行占25.7%，两者合计占商业银行小微贷款余额的48.8%。大型银行占31.8%，股份制银行占18.4%，外资银行仅占0.9%。新兴的互联网银行、民营银行成立时间较短，市场占比约0.1%。从小微企业贷款在自身贷款中的占比角度看，农商行最高，为18.3%，城商行为17%，股份制银行为9.5%，大型银行只有8%，见表8.3。不难看出，大型银行并不是小微金融的服务主体。

表8.3　2017年年末各类银行小微贷款市场占比及在自身资产中的占比

	大型银行		股份制银行		城商行		农商行		外资银行		互联网银行及其他	
	余额（亿元）	市场占比（%）	余额（亿元）	市场占比（%）	余额（亿元）	市场占比（%）	余额（亿元）	市场占比（%）	余额（亿元）	市场占比（%）	余额（亿元）	市场占比（%）
小微贷款	74 225	31.8	42 864	18.4	53 935	23.1	59 971	25.7	2 214	0.9	218	0.1
资产总额	928 145	47.2	449 620	22.8	317 217	16.1	328 208	16.7	—	—	—	—
小微贷款在自身贷款中的占比（%）	8.0		9.5		17.0		18.3		—		—	

资料来源：央行网站。

与市场份额和业务地位相适应，以民生银行、光大银行、广发银行、包商银行为代表的股份制银行和城商行在小微金融的业务模式创新上进行了有益的探索。这总结起来就是小微金融的“圈链”业务模式，具体为：第一，基于“大数”定律，推进小微贷款的小额化、零售化，以此降低风险；第二，通过开发小微企业综合金融服务，扩大收益率，实现对违约概率的“覆盖”；第三，将商圈、产业集群和供应链作为主要目标市场形态，通过“圈链”中主体互相担保，实现贷款主体增信，包括“核心企业 + 上下游客户产业链”模式、“协会 + 商户的无形商圈”模式、“市场管理方 + 商户有型商圈”模式等模式；第四，通过专业化机构以及事业部制改革，提高小微金融的专业化经营水平。

“圈链”业务模式实质是通过互保、联保方式对轻抵押的企业放贷。但在经济下行期，这种模式的弊端就暴露无遗，一旦某家企业发生资金链断裂，银行对其他企业进行追偿是非常困难的事情。为此，一些银行探索出互助合作社授信模式作为“圈链”模式的升级版。① 银行通过小微企业互助合作社预先支付的风险互助金来防范授信风险。相对于原有的“圈链”模式，互助合作社模式提高了风险处置的可操作性，但却没有从根本上改变“圈链”模式在面对行业性、地区性系统风险时的困境。

担保方式上的创新，本质上是传统信贷产品逻辑框架内的创新，其秉承的仍然是通过抵质押和担保来防范风险的思路。这种尝试尽管非常有意义，但仍然没有从根本上解决小微金融所面临的问题——小微企业本身经营风险大、财务不规范、缺乏有效抵质押物。

对接互联网成为小微业务模式创新的共同选择

从具体实践来看，银行业对接互联网目前主要有两种模式：一是

① 蔡颖．银行小微贷升级：转向“圈链”模式［N］．经济参考报，2014-08-11。

传统金融机构小微业务发展的线上化，二是互联网银行等新兴银行对线下小微金融业务的拓展。

民生银行等银行进一步将小微金融的“圈链”模式与互联网对接，通过互联网供应链金融来推进小微金融业务模式创新。[①] 传统供应链融资面临三大问题：一是传统供应链金融过于依赖核心企业的担保，但在很多供应链体系中，核心企业的参与更多表现为有限参与；二是业务参与主体多，银行、核心企业、小微企业、仓储物流企业、质检机构等企业之间信息传递不对称，银行对中小微企业经营情况信息获取相对滞后；三是业务操作环节多，传统模式涉及贸易背景审查、抵质押物品质核定、巡库管理、回款监控等诸多环节，线下人工操作方式干扰因素多，银行作业成本高。

为解决上述问题，民生银行通过三方面的措施来应对。第一，供应链管理的线上化。民生银行搭建了公司网络金融——“E 融平台”，与各类合作伙伴业务管理平台进行系统对接，可以快速、实时监控供应链交易环节产生的“资金流、物流、信息流”信息，解决传统线下信息不对称问题，并与民生银行内部相关作业系统相整合互联，形成网络化、智能化、可视化的供应链金融线上作业系统。第二，金融服务的场景化。基于多年来积累的行业服务经验，民生银行在供应链金融产品研发、创新过程中，更侧重行业化、场景化研究，以企业在具体商业活动中产生的个性化金融需求为产品设计要点，针对企业采购、市场分销、平台交易等不同交易场景，设计了有针对性的场景化金融产品。目前，民生银行已经推广的场景化供应链金融产品包括在线汽车金融（采购 E）、医药流通应收（赊销 E）和要素交易平台金融（E 单通）等。第三，风险控制的金融科技化。民生银行以“E 融

① 民生银行开辟中小微企业普惠金融新路。

平台”为建设着力点，强化交易信息、金融资产信息、征信信息及金融产品操作等数据的交互、沉淀与应用，重点推进基于供应链的大数据评审、风险监控和预警，以大数据资产和大数据风控来降低对核心企业参与意愿的依赖。与此同时，民生银行积极试点，在抵质押物管理中引入物联网设备和技术，不断提高风险管理水平，降低业务管理成本。

除了探索互联网供应链金融外，传统银行还积极推动大数据产品创新，推出多款大数据小微融资产品，较典型的是建行的“云税贷”小微贷款产品。“云税贷”采用“银税数据直连”模式，是“以税获贷”的全流程线上信用贷款产品。产品通过分析小微企业涉税信息、征信状况等数据，批量挖掘潜在客户并预测授信额度。在贷款办理流程上，客户只需通过建行电子渠道，即可实现在线申请、实时审批、签约、支用和还款。“云税贷”实现了 7×24 小时自助全流程线上操作，最快 3 分钟即可到账，产品的额度最高 200 万元。“云税贷”将银税互动从线下延伸到线上，实现了纳税信用的增值运用，推动了社会诚信体系建设。

与传统银行相反的是，互联网银行等新兴银行，在拓展电商小微贷款的同时，积极拓展线下市场。2017 年 6 月开始，网商银行联合支付宝收钱码推出“多收多贷”服务，探索将网商银行创新的“310”贷款模式①延伸至对线下小摊小贩的服务中。截至 2018 年 6 月，“多收多贷”已经服务超过 300 万“码商”，平均利率为 10%～12%，平均放贷额度为 1 万元，不良率为 0.54%（2017 年 A 股上市银行的不良率在 1.5% 左右），复贷率为 35%，准时还款率

① 网商银行的“310”贷款模式是针对小微企业的贷款，能做到“3 分钟申请，1 秒钟到账，零人工干预”，并且 24 小时线上实时响应。

为99.15%。

供给侧的增量体系构建是小微战略成败的关键因素

业务模式创新、风控模式创新是小微金融业务发展的重要一环，其意义在于直接突破小微金融业务的成本和风险约束。但创新不是无源之水，它需要组织的专注、专业以及内在自发的动力。但在传统银行的“部门银行—总分支”体系下，小微金融业务所面临的固有挑战，使小微金融无法得到充足的资源配置，得不到持续有效的专业发展。在成熟、可持续的商业模式（包括业务模式、风控技术及其模式）尚未形成的背景下，小微金融往往成为传统银行尤其是大型银行业务发展的鸡肋，相关领域创新严重缺乏可持续的内在动力。在此背景下，事业部制改革被寄予厚望。但现实中，中国银行业的事业部制往往是小微金融业务部条线管理的简单翻盘，所谓的普惠金融事业部改革，形式大于实质。之所以普惠金融事业部改革实践雷声大、雨点小，从根本上说，它源于传统银行对事业部改革认知及其实践的偏差。

第一，业务模式、风控模式、市场定位与事业部改革。在现实中，一些银行的事业部改革的考量是，小微企业业务独立核算后，其是否能够更好生存，员工绩效收入是否会受损，小微企业业务条线庞大但相对低效的体系是否能够赢利。其实，这反映了传统银行在小微金融领域，业务模式、风控模式以及市场定位的模糊。从民生银行的互联网供应链产品、建行的“云税贷”大数据产品看，传统银行所谓的小微客户，仍然主要是较为大型的、跨越生命初期、经营步入正轨的企业。也就是说，传统银行的小微金融秉承的仍然是既有的服务于大中型客户的体系。这样的体系在面对大中型客户时是高效的、可赢利的，但面对零散的小微客户，其成本劣势就显露无遗，从而产生生存危机。换句话说，传统银行事业部改革困境来自市场定位不清，来自业务模式和风控模式创新与事业部改革没有相互适应。与之相对照的是，网商银行等互联网新业态的轻装上阵。网商银行的“码商”贷款，实质上是O2O业务模式，其对应的是移动支付平台获客和大数据风控模式以及贷款金额50万元以下的客户定位。正是这样清晰的业务模式、风控模式以及市场定位，使网商银行400多名员工累计服务小微企业和小微经营者571万户，每笔贷款的平均运营成本仅为2.3元，其中2元还是电费和存储硬件等技术的投入费用。

第二，集权、放权与事业部改革成败。① 小微金融业务，是否可以成为蓝海业务，关键在于小微金融在获客渠道、产品、服务方式、风险控制模式等方面的综合创新。这使小微金融业务完全不同于传统银行原有的逻辑和体系。从事业部的管理与服务职能角度看，这种差异性高度依赖于3项职能：独立的风险管理职能、独立的人力资源配置和管理职能、独立的科技服务职能。它们是小微金融事业部的专业性、效率、灵活性的关键依托。但在现实中，银行职能权限从来都是银行不同利益格局竞争的主要领域。传统银行普遍将风险控制的责任和资源控制的权力完全归于没有利润考核压力的中后台部门，以为通过高度集权，就能控制风险，就能控制成本，但这却让银行，包括事业部的专业性、效率和灵活性等竞争属性流失。事实上，高度集权几乎等同于职能制，这与事业部制改革水火不容。在推行事业部制改革的过程中，我们看到的情况是，银行经常陷于患得患失的境地，很突出的一个问题是：既想享受事业部制灵活高效的好处，又念念不忘旧有的集中化权力控制模式，而且还常以“风险控制”为名来收束权力。这使得名义上的事业部往往徒有其表，实质仍是职能制。事业部改革的真正难点在于授权，如何界定银行总部与事业部之间的权力，

---

① 吴晓辉．探析商业银行事业部制改革［J］．银行家，2008－02.

赋予事业部独立的风险管理、IT 建设以及人力资源管理权限，将是事业部改革的核心内容。

第三，总分关系处理与事业部改革成败。[①] 在普惠金融事业部的创设上，人们都习惯于将原有的小企业条线由总行小企业部进行拉直统管，将条线改革误以为是所谓的事业部改革。事实上，目前的分支行就是典型的区域型事业部，一种按照区域划分的事业部。拉直统管削弱了分支行的权力，其实质是通过高度集权的方式，打破目前的以分支行为利益主体的区域型事业部体制。但高度集权式的垂直管理，抑制了事业分部以及基层服务平台对当地市场环境的适应性。归根结底，建立在高度集权基础上的拉直统管其实是向职能制的一种回归，是管理模式的一种倒退。

综上，传统银行的普惠金融事业部改革，需要满足以下原则：一是要建立业务模式、风控模式、客户定位、组织机构、运行机制相互适应的体系；二是要在总公司充分授权条件下，建立独立的风险管理、人力资源、信息系统开发等管理和支持体系；三是要建立强大的服务型的事业总部，强化事业总部的政策、科技系统研发、产品创新对各事业分部的服务和支持，在充分转移授权基础上，保持分行事业分部的经营主体权力，维系基层服务平台对当地市场的深耕和组织活力。相对于传统银行既有的体系，上述内容实质上是一个增量体系的创建。对于小微金融创新而言，它是从银行角度进行的供给侧改革。换句话说，供给侧的增量体系构建是小微战略成功的关键因素。

产融结合和生态构建是农村金融蓝海战略的必由之路

相对于小微金融的供给侧创新，农村金融的进一步拓展，具有较

---

① 吴晓辉．探析商业银行事业部制改革［J］．银行家，2008－02。

大的难度。很长一段时间，各方对农村金融的争夺，本质上还是对存款等基础资源和业务的争夺。尽管电商下乡、互联网巨头进军农村金融市场，给农村普惠金融发展带来希望，但从商业可行性角度看，目前互联网巨头的诸多尝试中，只有通过电商和移动支付的结合争夺农村基础性金融市场的举措才真正体现其现实可行的战略价值。不过，它只是对传统农村金融机构既有业务领域市场份额的再分割。从长期看，启动农村金融市场，是一个渐进的、重建生态的过程，不仅需要银行的变革和创新，需要农村经营主体的组织化、产业化，也需要信用环境的逐步建立和完善。不过，作为拥有强大资源的主体，银行可以在其中扮演关键性角色。尽管上述过程是缓慢的，但它却有改变未来的力量，这其中就包括银行自身。

农村金融首先是红海市场

目前，中国农村金融服务主体包括大型银行（包括邮储银行）、农商行、农村信用社、村镇银行、小贷公司、资金互助社等机构。银行业金融机构涉农贷款合计占比67%，其他机构占比为33%。[①]其中，大型银行在县域市场占据主导地位。截至2016年年末，大型银行涉农贷款10.39万亿元，占全部涉农贷款的37%，如图8.1所示，是县域金融的主导力量。农商行、农信社、村镇银行是县以下金融服务主体。截至2016年年末，中国有1 114家农商行、1 125家农信社以及1 443家村镇银行。三者涉农贷款合计占全部涉农贷款的30%，其中，农商行占19%，农信社占9%，村镇银行占2%。

从潜在需求看，中国农村金融是当然的蓝海市场，而且是巨大的

① 数据截至2016年年底。

蓝海市场。但是从现实的金融供给实践看，风险和成本、经营环境使中国农村金融的区域、客户、业务集中于狭小的领域。这就形成一种看似悖论的现象，那就是在看似广阔的农村金融蓝海市场，呈现的却是整体红海市场的特征。

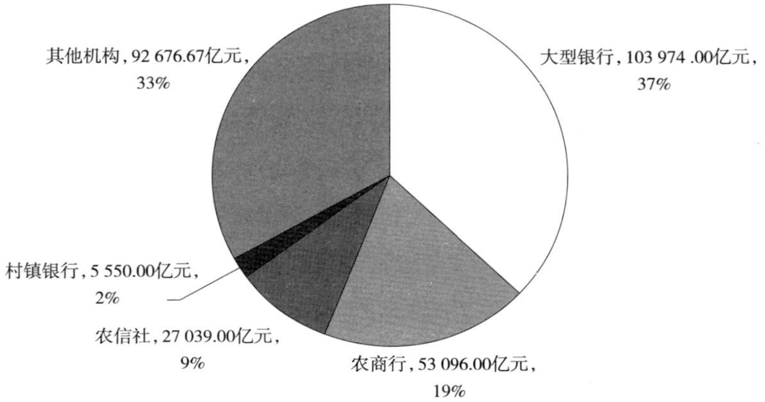

图 8.1　2016 年年末中国银行业机构涉农贷款份额

资料来源：万得资讯。

第一，县域、政府客户、基础设施建设贷款是当前农村金融的主要领域，市场竞争激烈。大型银行由于自身全面的竞争优势，成为这一市场主要的服务者。其中，农行是县域金融的传统强者，2017 年年末涉农贷款余额超过 3 万亿元，占各机构全部涉农贷款的 9.6%。在贷款结构上，截至 2017 年年末，农行水利贷款余额达 3 353 亿元，家庭农场和专业大户贷款余额达 657 亿元，县域旅游贷款余额达 289 亿元，商品流通市场建设贷款余额达 155 亿元，高标准农田建设贷款余额达 45 亿元。其他大型银行秉承其传统专业优势在细分市场占据优势，比如工行在工商企业融资占据优势，中行在外汇和国际业务占据优势，而建行在住房金融领域占据优势。总体而言，大型银行对普通农户贷款涉及比较少，这也反映了大型银行在县以下机构布局不足的问题。当前，农行和邮储银行正积极推进“三农事业部”改革，意图通过建立有别于城市金融的差别化的组织框架和政策体系，推动农村金融专注、专营和下沉。

第二，“县城以下、普通农户、农业生产”等领域，市场竞争尽管不激烈，但相关服务主体却面临着自身经营绩效的挑战。大型银行在相关领域涉足不多，业务集中于这一领域的主要是农信社、农商行和村镇银行。相对于大型银行，农信社网点充分下沉、合作化、深耕本地、产品适应性强，在县以下区域更具有发展优势。但农业生产的高风险、农村获客的巨大成本、征信以及有效抵押物的缺乏，让农信社、村镇银行面临着巨大的发展挑战。2016 年年末，全国农村信用社不良贷款率为 3.79%，比 2007 年年末下降 17.25 个百分点，但仍然远高于银行业平均的不良率水平。当前，商业化改革已经成为农信社的改革方向。但在利益驱使下，农商行的脱农化倾向成为农商行改革中的新问题。与之相似，本来着眼于解决县以下金融服务供给不足问题的村镇银行也面临着经营向县城集中、脱农的问题。

第三，资金转移成为农村金融机构获取收益的重要方法和途径，存款竞争是农村金融竞争的核心。在现有技术、模式下，农村金融广泛的领域却不具有商业可行性，因此，资金转移成为当地机构获取收益的重要途径，现有三种基本的模式。一是农行等大型银行通过内部转移价格形式将农村地区资金转移到城市以及发达地区。2017 年，在三农金融事业部改革推动下，农行县域增量贷存比达到 80.5%，但即便如此，其存量贷存比也只是达到 51.7%，还未从根本上实现县域资金取之于农、用之于农。二是农商行通过一些股份制行的银银平台，以同业存款的形式，将农村资金转向城市。这种模式一方面给农商行带来收益，也成就了譬如兴业银行这样专注于城市，但又缺乏网点的股份制银行的快速发展。三是农商行将资金通过委外业务①投资于债券等资本市场。上述资金转移的经营模式，规避了农村信贷的经营风险，但也使存款业务成为农村金融市场重要的红海竞争领域。最为关键的是，资金的脱农化阻滞了金融对当地经济发展的支持，使金融机构成为农村经济事实上的抽水机。

有效的蓝海市场尚在培育和探索中

在传统业务模式下，农村市场还不是蓝海市场。不过，随着电商等互联网企业纷纷试水农村金融，情况正在发生改变。与此同时，农村金融改革也带来新的业务发展机遇。总体而言，相关探索主要集中在 4 个领域。

第一，互联网基础金融。② 2014 年 10 月，阿里正式启动“千县万村”计划，计划在 3～5 年内投资 100 亿元，建立 1 000 个县级服务中心和 10 万个村级服务站，通过与各地政府的深度合作，以电商为平台，在县村各级设立农村淘宝服务站，发展农村淘宝合作人，以实现“网货下乡”和“农产品进城”。依托“村淘”计划，蚂蚁金服拓展农村基础金融服务市场。“村淘”合伙人通过支付宝帮助村民网上代买、代卖、代缴费、预订酒店、代买车票。与此同时，蚂蚁金服通过综合支付解决方案助力智慧县域建设。截至 2017 年 3 月，支付宝“三农”用户已经达到 1.63 亿人。支付宝对农村渠道的下沉和渗透，为蚂蚁金服大力拓展农村互联网理财业务奠定了基础，使其成为农村

---

① 委外业务主要有两种模式，一是以非银机构投顾的形式展开，担当投资顾问；二是购买非银机构的资管产品，将资金委托给非银机构管理，获取固定的收益水平。

② 廉薇，边慧，等. 蚂蚁金服：从支付宝到新金融生态圈［M］. 中国人民大学出版社，2017－07。

传统金融机构长期依赖的核心业务——存款业务新的分食者。不仅如此，农村基础金融服务的逐步拓展，让越来越多的农民在支付宝平台积累了互联网信用，悄然地改变着农村金融发展的外部环境。“村淘”的发展、支付宝在农村的普及已然为蚂蚁金服打开了农村金融的大门。

第二，电商供应链融资。蚂蚁金服和京东都涉及了此类模式，我们以京东为例。与阿里和蚂蚁金服一样，京东也积极开拓农村金融市场。2015 年 9 月，京东金融发布了农村金融战略，以全产业链、全产品链农村金融为特色，背靠京东农村电商，通过“京农贷”“农村众筹”“乡村白条”“农村理财”等产品为农村提供多元化金融服务。目前，京东已经在 1 500 个县、30 万个行政村开展各类农村金融业务。在对农村金融的探索中，京东金融、蚂蚁金服在互联网供应链融资领域进行了探索。围绕农业产业化，相关模式构建了完整的生态服务体系，覆盖农业生产、流通等多个环节：其一，农户在电商上指定商户购买种子、农药、农具；其二，农户在电商远程物联网监控之下，进行生产，保证农产品质量；其三，电商金融为农户购买农资提供贷款，但贷款不支付给农户，而直接支付给电商商户；其四，农户养殖或种植的产品在电商上销售；其五，电商金融或合作金融机构为农户的生产经营活动提供保险服务，如对种子、农药质量提供保险服务。在上述体系下，农产品质量得到保证，电商及其金融部门的收益实现了最大化，农户信用风险降低到最低程度，全产业链得到了扶植和发展。

第三，“线下熟人＋线上授信审批＋大数据分析”的农村信贷模式。[①] 针对农村种植养殖户、小型生产经营户、个体经营户，蚂蚁金

① 廉薇，边慧，等．蚂蚁金服：从支付宝到新金融生态圈［M］．中国人民大学出版社，2017－07。

服推出了“线下熟人 + 线上授信审批”的信贷模式。所谓线下熟人，包括两个组成部分：一是阿里“村淘”计划的“村淘”合伙人，二是蚂蚁金服的合作伙伴——中和农信多年积累的农村信贷员队伍。中和农信，其前身为中国扶贫基金会小额信贷部，分支机构遍布全国19省245个县的3 700多个乡镇。依靠独特的风控体系，中和农信大于30天的不良贷款率控制在1%以下。其流程是线下熟人完成对贷款申请者的第一道评估，然后将资产证明等基础数据传到线上，网商银行再通过大数据分析和经验模型，进行审核和授信评估。线下熟人大大化解了农村信贷风险评估中缺乏抵押物、担保不足、农村征信缺失等问题。

线下熟人大大化解了农村信贷风险评估中缺乏抵押物、担保不足、农村征信缺失等问题。

第四，多元化农村产权质押金融。① 2015年7月，《成都市农村金融服务综合改革试点方案》获批，成都成为全国首个农村金融服务综合改革试点城市。作为农金改革的最前沿地区，成都着力推动农村多元化的产权质押贷款业务发展。截至2017年年末，成都累计发放农村产权质押贷款180.1亿元，余额119.3亿元。成都多元化产权质押金融模式包括以下几点。一是推动多种农村产权确权。这不仅包括土地承包经营权、农村房屋所有权、林权的确权，还包括农村土地所有权、集体建设用地使用权、集体资产股权、农业生产设施所有权、农村养殖水面经营权、小型水利设施所有权、非林地上经济林木（果）所有权的确权。截至2017年年末，全市确权颁证基本完成，累计办理各类产权证和股权证共919.11万本。二是在农村集体产权“应确尽确”的基础上，大力推进农村集体资产股份化，对集体的资金、资产、资源进行全面清理核实和股份量化，并推动全市农村产权管理网络

① 张宏斌，谢峰，吴迪．农村产权制度改革的成都实践［N］．金融时报，2018－04－12。

化、信息化。三是金融服务对接优质的农村、农业产业化项目。例如，为了支持郫都区青杠树村发展乡村旅游，成都农商行采用农村集体经营性建设用地抵押贷款模式为其融资 6 000 万元。旅游经济提升了青杠树村土地的经营价值。在此基础上，青杠树村将集体建设用地入市进行交易，以偿还贷款。四是建立完善的农村产权流转机制和体系。这包括建立统一的农村产权交易平台和农村产权价值评估体系，建立农村产权收储机制，成立农村产权收储公司，引入土地流转履约保证保险机制。五是建立农村产权纠纷调处机制，建立农村产权纠纷调处组织体系，并建立健全农村产权法律援助制度，开展农村产权纠纷调解仲裁。

角色转换是传统银行农村金融蓝海之路的起点

互联网机构进入农村金融市场，为农村金融发展带来新的图景。这包括几类主体：一是以阿里、京东、苏宁为代表的电商及其金融机构；二是产业系金融，比如新希望①、大北农；三是 P2P 以及其他互联网平台机构，包括翼龙贷②、宜信、开鑫贷、农分期、沐金农、什马金融、可牛农业③、聚土网等。这些机构在农村基础金融、供应链融资、土地金融等领域拓展市场。就商业成熟度而言，只有支付宝对农村支付、理财等农村基础金融服务的拓展，以及新希望等农村龙头企业基于自身供应链体系进行的农村供应链金融才算成熟。不过，这

---

① 新希望依托其产业优势，旗下希望金融联合传统机构，整合资源，形成了涵盖农业产业链金融、农业供应链金融、农村消费金融和农业支付四大业务体系。

② 翼龙贷推行的加盟商信贷模式是翼龙贷与全国的小贷公司、担保公司、投资公司合作，使这些公司成为翼龙贷在全国范围的加盟商，加盟商推荐借款人在平台融资并由加盟商担保。

③ 可牛农业是最早的一批土地经营权抵押的试点平台之一。目前市场上已经有 3 家专注于土地经营权抵押、土地流转功能的平台获得融资，分别是来买地、聚土网和可牛农业。

些领域所谓的蓝海意义，实际上是通过传统业务对接互联网而实现的业务模式创新和金融服务效率的提升。它对于农村金融而言，更多实现的是对传统金融机构过去集中的存款业务、龙头大户业务的再分割。而对于传统金融机构而言，对接互联网也成为业务创新方向。与电商的生态组合拳颇为相似，农行也搭建了服务“三农”的“惠农e通”平台（融合网络融资、支付结算、农村电商三大功能）。另外，发展同业业务，通过银银平台来拓展农村金融市场、争夺农村的低成本资金资源，也成为一些城市金融机构拓展农村金融市场的思路。由此可见，尽管互联网带来业务模式创新，但目前中国各种涉农金融创新的主题仍然主要停留在对存款、理财、龙头大户业务的争夺和再分割上。

中国农村金融蓝海市场的拓展，才刚刚开始。这不仅因为农村信用体系不健全、服务成本高、缺乏有效抵押物，还在于农村金融的进一步发展，高度依赖农村经济发展的进一步产业化。

其一，产业化是未来中国农村经济发展的关键动力。中国正在向后工业化时代迈进，中国工业化从整体看基本完成。在全国统一大市场已经形成的背景下，农村进一步发展工业的空间比较有限。另外，县城以下地区的工业化主要是农产品的深加工，它高度依赖当地农业的特色化和产业化发展。至于城镇化、新农村建设，归根到底要与农村经济发展相适应，要与工业化和产业化发展相协调。其二，产业化是中国农村金融服务供给严重不足的领域。当前，中国农村金融体系着重服务于县城的城市化和工业化以及县城以下的水利基础设施建设，对县城以下的产业化服务严重不足。其三，产业化是培育有效抵质押物的基础和前提。农村金融中的违约并不完全取决于借贷主体的历史信用，而更多取决于农业生产的不可抗力因素。因此，有效的抵质押物就成为农村金融发展的关键因素。在农村，土地是最关键的资产。当前，中国农村试点推行土地经营权质押的根本目的就是要解决农村金融缺乏有效抵质押物的问题。但重点在于，要通过产业化来提升土地的价值，让土地权益成为有效资产。其四，产业化是农村金融其他蓝海业务的核心和主线。目前，基础金融服务是中国农村金融现实的蓝海业务，主要是指支付、结算、存取款等业务。不过，和城市不太一样的是，农村生产生活社会化程度要远低于城市，因此，通过便民服务的方式发展基础金融的绩效要远低于城市。相反，围绕农村当地的产业化，构建服务于当地的公共服务平台，将更有利于金融机构嫁接基础金融服务。

不难看出，产业金融是农村金融未来发展的关键因素。但产业的形成和发展却是一个缓慢和系统性的过程。它要完成产业主体的社会化、组织化，要打通产供销诸多环节，涉及政府、金融机构、农资企业、农户、流通企业等诸多主体。这实际上是构建一个围绕产业化的生态体系。但在传统的体系中，没有任何一个主体具备协调各方主体、整合诸多环节的力量，包括地方政府。在这种情况下，农村金融要想向纵深推进，就需要农村金融机构从单纯产业化的金融参与者进化为产业化的生态组织者，协调各主体，整合各环节，加速产业化的进程。

事实上，阿里巴巴和蚂蚁金服、京东等互联网巨头进军农村金融市场，就是秉承这样的思想。它们通过打通农村产业化上下游环节来促进农村农业的产业化发展；通过与地方政府合作，共建公共服务平台，大力发展支付等基础金融业务，并逐步构建起农村的大数据和信用体系；通过广泛的同业和异业合作，构建起农村产业化的金融以及非金融服务体系。从某种程度看，这相当于重构一个农村金融体系，难度可想而知。尽管这样的思路还处在初级实施阶段，但它却是突破农村金融瓶颈的必由之路。

相对于互联网巨头，传统银行既有自身的劣势，也有自身的优势。同时，传统银行内部，不同的银行也有不同的禀赋，因此在发展农村金融方面，并没有一致的战略。但是对于整个银行业而言，农村金融的深化无疑要求农村金融机构个体要充分融入农村产业金融的生态体系之中。对于大型银行而言，如何做好农村产业化生态服务的组织者，如何通过农村公共服务平台，尤其是产业化服务平台，占据互联网基础金融服务的制高点，决定了其在农村金融服务中的市场地位，长期看，这也决定了其在未来银行业中的行业地位。

第九章　打造不可复制的经营特色

这是一个最好的时代：赢者可以通吃。
这又是一个最坏的时代：弱者就要被强者吞食。
但在输赢之间筑起藩篱的是个性和特色，这是未来世界个人和企业，尤其是在竞争中处于弱势的个人和企业赖以生存的基础。

开拓新蓝海市场是重塑传统银行赢利能力的重要举措，但是必须看到，新蓝海市场的发展和创新是一个渐进的过程。蓝海业务是面向未来的业务。短期内，既有的业务及其体系仍然是传统银行生存发展的基石。另外，新蓝海战略并不意味银行放弃既有的市场。强化自身在传统市场上的经营水平，打造独特的核心竞争力，推进特色化经营，是银行个体在红海市场杀出重围的利器。从经营客体角度看，银行经营资源和盈利主要来自两个方面：一是金融市场，二是终端客户。对于一些银行而言，打造金融市场银行是其特色化的战略选择，而顺应金融市场深化发展趋势以及监管要求，构建相应的能力体系以及经营边界，抑制资本逐利性带来的投机风险，是金融市场银行长期稳健发展的基础。相对于金融市场银行，银行的本源是客户关系银行，其特色化在于顺应互联网、金融科技的发展趋势以及银行属性的拓展，赋予客户关系银行以新的时代内涵。

重塑金融市场银行的体系、边界

传统上，金融市场是银行调剂资金的场所和机制。不过，随着金融自由化以及金融市场发展的深化，银行经营理念发生了重大的变迁。金融市场业务正从从属地位，上升到主要经营业态和盈利来源。不过，金融市场业务只是一个统称，其内部的业务运行机制和赢利模式并不相同。区分金融市场业务内部不同的运行机制和赢利模式，并贯彻差异化的战略是金融市场银行构建的前提和基础。

从战略上区分金融市场银行发展的两种不同形态

银行金融市场业务，是围绕金融市场平台发展起来的债券、同业、理财、票据等业务。一般而言，它对应银行的同业、金融市场、资管、投行等业务部门。我们不难看出，这是一个非常宽泛的概念。它对应多种业务模式和赢利模式。也正是如此，银行金融市场业务的发展多以部门或条线内部的业务战略为指导。但是，尽管各细分业务存在业务模式和赢利模式的差异，但共同的载体和平台——金融市场对各业务又具有影响上的共振性，这又要求银行的高层管理者从金融市场银行构建的角度来整体审视金融市场业务的发展。因此，我们从战略角度，整体上抽象出金融市场业务发展的基本形态和模式，是理解、把控金融市场银行的前提和基础。金融市场业务尽管繁复，但从中国的银行业实践看，其主要分为两类形态，并遵循两条发展脉络。

第一种形态：基于短期市场波动的交易型金融市场业务。这类业务主要对应当前中国银行业一些银行金融市场部的业务内容。我们以建行为例，考察一下此类业务的特性。建行金融市场部相关业务演进，可以分为3个阶段。第一阶段是以资金调度为主的资金业务阶段。1988年12月，总行国际业务部外汇资金处成立，建行外汇代客和自营业务逐步拓展。1995年8月，建行资金计划部资金交易室成立，开展人民币资金业务。2001年2月，总行资金部正式成立，职能主要包括总行头寸管理、本外币资金交易、证券发行与交易、系统内本外币资金与头寸管理以及代客交易业务。资金部的成立改变了资金业务按币种分别经营的状况，标志着建行本外币一体化经营、总分行一体化联动的资金业务经营管理体制初步形成。第二阶段是以市场交易为主的金融市场业务阶段。2005年4月，总行资金部更名为“资金交易部”。更名后的资金交易部突出了经营部门属性，强化了交易操作职能。2006年12月，总行决定将资金交易部更名为“金融市场部”，金融市场部的成立标志着此前以资金调度为主的资金业务正式成为以市场为导向的重要经营板块。前台交易操作，中台风险管理，后台结算、核算、系统支持开始分离。第三阶段是交易型金融市场业务的完善阶段。2009年12月，建行分别在伦敦子行和纽约分行设立代总行的外汇和黄金平盘交易台，参与所在时区的市场交易，在国内同业中率先实现了外汇和贵金属交易24小时全球运营。2011年12月，商品与期货交易部（金融市场部二级部）在上海正式开业，负责对包括贵金属在内的大宗商品现货交易、租借交易、期货交易、远期交易等的归口管理。

从建行的金融市场部及其相关业务的发展历史不难看出，交易型金融市场业务产生于资金的调剂和调度，它从属于银行资产负债经营。但随着金融市场的不断发展——金融脱媒和利率市场化的不断深化，相关业务的经营属性不断被强化，其逐步成为银行一种重要的、独立的盈利来源，其核心赢利模式在于银行通过对短、中期金融市场的驾驭，获得代客交易的佣金收益、自营交易的投资利息以及资本利得。

第二种形态：基于长期市场波动的模式型金融市场业务。模式型金融市场业务早期也是起端于资金业务，但随着银行理财和同业业务的逐步崛起，模式型金融市场业务开始衍生发展。[①] 美国次贷危机爆发后，国内的“四万亿”财政刺激计划与追求 GDP 高增长造成了地方政府债务规模的膨胀以及房价的持续上涨。2010—2011 年，银监会就下发文件限制银行向房地产与城投平台贷款的额度。不过，房地产与基建项目仍然需要资金补进来，融资需求仍然存在。银行通过银信渠道、信托受益权、券商资管与基金子公司等渠道，将表外理财资金对接非标资产。但是，银行理财资金过多投资非标资产，会使期限错配加剧，风险加大。2013 年 3 月，监管层出手，下发“8 号文”，控制了理财投向非标资产的规模，严格规范了理财的运营管理。理财投非标受限后，在“资产荒”的背景下，资金涌入债券市场，并通过委外业务所实现的专业化投资提高收益水平。而为了扩大资金来源，理财资金又通过同业存单对接同业。但是，这种同业模式同样蕴含了较大的流动性风险。同业存单与同业理财的期限普遍在 6 个月以内，而所购买的委外产品一般都在 1～1.5 年，这就存在期限错配问题。而且在委外端，在“资产荒”的逻辑下，非银机构为满足银行要求的基准收益率，投资了比较多的没有流动性的资产。而随着 2016 年下半年严监管金融周期的到来，上述模式也已经变得无法继续。

在 2011—2012 年，受益权转让这一模式在表外得到广泛使用后，银行也开始利用表内资金来做非标的投资，其主要原理是利用表内的买入返售项进行各类资管计划受益权的转让，将贷款转为同业类型资产，降低资本计提。但是，同业与非标的结合让监管层再次意识到潜在的巨大风险。因为在利用非标进行买入返售过程中，同业链条被拉

① 李奇霖．银行金融市场业务的光荣与梦想［N］．联讯证券研报，2017－06。

长，以短期限的同业与长期限缺乏流动性的非标资产对接，再加上上游同样短期限的理财，整体的杠杆与期限错配被过度拉长延伸。2013年，监管层痛下决心，开始针对非标去杠杆。2014年，监管层又下发了“127号文”，要求买入返售项下的资产必须是标准化的具有交易市场的金融资产。银行利用同业对接非标的高峰到此基本结束。

显然，上述金融市场业务不同于交易型金融市场业务。相对而言，交易型金融市场业务的发展，主要基于短期金融市场波动所呈现的机会而展开，经营上独立于银行的经营体系。但模式型金融市场业务不同，它主要基于不同市场由于经济周期、流动性周期、监管周期、贸易周期差异所带来的结构性市场机会，其赢利模式具有一定的持续性，对银行资产负债经营具有更深入、更全局性的影响。这种结构性、持续性、全局性、周期性特征，正是所谓的“模式”所具有的含义。

打造交易型金融市场银行的能力体系

交易型金融市场业务的发展有助于提高银行的经营效率，是应对金融脱媒和利率市场化的一种有效选择。但由于市场的波动性和传染性，相关业务也隐藏着风险。无论是巴林银行（Barings Bank）的倒闭，摩根大通银行（J. M. Morgan，以下简称摩根大通）的“伦敦鲸”事件，[①] 还是德意志银行（Deutsche Bank）近些年在金融市场业务领域遭遇的困境，都为金融市场银行，尤其是交易型金融市场银行的发展，给予了警示。那就是交易型金融市场银行的发展，必须与相应的能力体系相匹配。考察国际典型金融市场银行的案例，有助于我们理

---

① 伦敦鲸是摩根大通在伦敦的一个交易员的外号，摩根大通在伦敦的衍生品交易中出现巨额亏损。

解这一体系。

自2007年夏次贷危机全面爆发以来，美国众多金融机构亏损连连。摩根大通虽然部分业务也出现亏损，但仍是美国四大银行中唯一一家在金融危机爆发以来任何一个季度都未出现亏损的银行。不仅如此，危机爆发后，摩根大通还收购华盛顿互惠银行（Washington Mutual）和贝尔斯登（Bear Stearns）。摩根大通在金融危机中做到了独善其身，但危机后，却陷入了各种丑闻之中，其中2012年所谓的“伦敦鲸”自营交易事件，造成约60亿美元的直接损失，9.2亿元的罚款。摩根大通的声誉、资本、评级受到了巨大冲击。

事件的概况为：摩根大通CIO（首席投资办公室），作为资产负债管理和风险对冲部门，主要职能是管理摩根大通的资产负债，应用多余存款进行投资，同时负责对冲银行账户资产负债利率、汇率、信用风险，采用曲线平坦化策略，在信用衍生品市场持有重仓。市场变化后，CIO的交易使市场长期处于不正常状态，负面报道导致CIO的交易策略曝光，风险对冲困难加大。

事件的发生原因有以下几点。第一，CIO本应该定位于对冲银行的结构性风险，但CIO并非单纯的风险管理部门，其还从事自营交易。CIO的交易活动是摩根大通重要的赢利渠道。利益的驱使，使CIO的行为演变成投机。第二，CIO本应从属于首席风险官，但由于其营利性，内部影响力很大，其直接向首席投资官负责。第三，对冲交易策略的失误以及交易模型的漏洞。第四，高管层成员的风险管理专业能力不足以及高管层对业务部门的放权使得风险控制被忽略。

事件发生后摩根大通的后续调整工作有以下几点。第一，重组CIO，配备相应的首席风险官、首席财务官、全球控制主管和欧洲区领导。该团队着手完善风险治理，确立更严谨细致的、贯穿于全部门的风险限额，以确保恰当的风险指标存在，同时为 CIO 和公司建立一个新的风险委员会架构，以更好地管理、监督和报告风险。第二，重新梳理、审视风险。公司关闭合成信用组合，将剩余头寸转移给投资银行，让投资银行的专家、交易平台和市场特许经营资格发挥作用。第三，明确模型开发、批准和监控的职责。针对风险价值（VaR）模型问题，公司进一步明确业务部门和模型检查组的职责。第四，完善并强化董事会和高管层职能的风险治理机制。

从“伦敦鲸”事件看，银行从事交易型金融市场业务，交易策略和交易模型、IT 系统、内部控制、风险管理和风险治理缺一不可。任何一项的缺失和不完善，都可能造成巨大的损失，它们是交易型金融市场银行生存和发展的核心能力体系。

近几年，随着国际金融监管的强化，交易型金融市场银行的合规问题不断凸显。作为典型的“交易型银行”，德意志银行（财报显示，2015 年年末，交易性金融资产占比达到 50%，持有衍生品名义金额高达 41.94 万亿欧元，是其表内资产的 26 倍，是其股本的 620 倍）近几年的困境为交易型金融市场银行发展敲响了合规警钟。德意志银行 2015 年巨亏 68 亿欧元，一度成为投机者做空的对象。国际货币基金组织（IMF）甚至把它列为系统性风险最高的全球重要性银行。金融市场交易业务之所以让德意志银行一度陷入困境，原因就在于相关业务所引起的合规问题以及由此引发的高昂的诉讼费用和巨额罚款。[①] 2011—2015 年，德意志银行共支付了 129.5 亿欧元，用于法律诉讼和监管处罚。[②] “华尔街见闻”报道，德意志银行收到了来自全球包括操纵汇率和银行同业利率在内的 7 800 份法律诉讼。德意志

① 刘明彦．解密德意志银行的困境谜团［J］．银行家，2016（8）。

② 方明，范文韬．德意志银行危机的发展趋势［J］．中国银行业，2016（12）。

银行的案例，说明合规能力已然进入交易型金融市场银行赖以生存和发展的核心能力体系。

确定模式型金融市场银行的经营边界

关于模式型金融市场业务所面临的挑战，我们从 2013 年国内银行违约、“钱荒”与债券市场暴跌等情况已略见端倪。但为了更好地解剖模式型金融市场银行的机理与挑战，我们不妨将视角投向更为典型的案例，那就是英国北岩银行（Northern Rock）的崛起与覆灭。① 1997—2007 年的 10 年是英国房地产市场和金融市场风起云涌的 10 年，北岩银行借助“房地产—同业资金”模式，利用金融市场业务迅速崛起，但又在次贷危机中轰然倒塌。

1997 年，北岩银行由北岩住房互助协会改制而成。面对 20 世纪 90 年代中后期英国房地产市场蓬勃发展的机遇，在传统零售负债利率市场化和充分竞争的背景下，北岩银行将目光投向了彼时流动性宽裕的同业批发市场，从而享受了房地产和全球流动性的双重红利。但是花无百日红，2003 年后，英国房地产市场增速开始回落，与此同时，全球宽松的流动性周期结束，英国同业市场流动性开始收紧。北岩银行的“房地产—同业资金”的赢利模式面临挑战。面对这种情况，北岩银行并不是及时调整经营模式。相反，为了维系和进一步提高赢利能力，北岩银行通过扩大经营规模来进一步强化上述模式的运行，其具体措施有 3：一是加快同业拆借速度，二是推进住房抵押贷款证券化，三是发行住房抵押贷款担保债券。

北岩银行在 10 年内迅速崛起，但繁荣背后也隐藏着巨大的危机。其背后的逻辑是以下内容。

---

① 李奇霖．北岩银行的发展与覆灭［J］．银行家，2017－06－05。

第一，北岩银行将充分利用房地产红利和流动性红利的“房地产—同业资金”的经营和赢利模式发展到极致，在最大化获得盈利的同时，也将相关模式推向畸形。根据李奇霖的测算，2006 年年底北岩银行负债端同业资金占比达到 60%，而在资产端，住房抵押贷款占总资产的比例达到了 77%。在房地产繁荣、流动性充裕情况下，上述比例特征让同业资金的低成本和冲量特性与住房抵押贷款的优质、高收益相叠加，共同成就了北岩银行 10 年的辉煌。

第二，北岩银行过于乐观的风险管理。北岩银行的业务模式，存在严重的期限错配，其借同业资金发放抵押贷款，然后推动抵押贷款证券化。同业资金是典型的短期负债，住房抵押贷款证券化负债由于存量的积累，致使相关负债接连到期。在这种情况下，同业资金和证券化的不断接续，是弥合期限错配造成的流动性缺口的主要途径。但是如此依赖资金周转的北岩银行，偏偏贯彻的是较为宽松的流动性管理。彼时北岩银行资产端的流动性资产仅占总资产的 13%。

在金融市场平稳时，以上问题并不突出，但当 2007 年下半年美国次贷危机波及英国时，它们就为北岩银行敲响了丧钟。首先，在次贷危机中，美国、英国房地产市场崩盘，房屋购买者断供。其次，住房抵押贷款的违约，带来住房抵押贷款证券化进程的停滞。最后，金融机构卷入次贷违约潮消息的爆出，又让同业拆借市场流动性趋于枯竭。三大问题的连锁性爆发，让北岩银行的流动性接续机制难以维系。与此同时，北岩银行的流动性资产变现又不足以弥补证券化产品和同业资金的到期需求。最糟糕的是，北岩银行向英格兰银行求助的信息又引发了挤兑，北岩银行就此轰然倒塌。

北岩银行的案例为我们揭示了模式型金融市场银行发展所面临的挑战。表面看，这种挑战来自技术性能力，比如北岩银行的风险管理。但问题在于，即使再优秀的流动性管理，再保守的流动性配置，在同业短期负债规模极大化冲击下，其同样会束手无措。再比如银行对经济社会形势的把控以及因时调整能力。不过，这很可能也是一个伪命题。问题并不在于银行对经营环境的洞察，而在于银行对于一种曾经赖以成功的模式的依赖。这种依赖，在模式型金融市场业务的发展过程中，总是演绎着“成也萧何，败也萧何”的故事轮回。究其根源，还是在于资本的逐利性。不到将一种成功模式的边际效应榨取到零，资本的贪婪并不会收敛。但银行经营与一般企业不同，银行经营的是风险，将一种模式的边际效用榨干的做法，也意味着风险和问题的积累达到积重难返的程度。从这个意义上讲，模式型金融市场业务的发展，技术性能力固然重要，但哲学和理念似乎更为重要。稳健的经营哲学——对利润增长的有限追求、对一种模式的有限依赖、对一种模式的有限演绎，即对资本逐利性施加的经营边界，是模式型金融市场银行发展的关键所在。正是有了这样的边界，银行在面对经营形势转变时才能富有弹性；正是有了这样的边界，风控等技术性能力才能真正可以发生效力。现实中，这些来自理念和哲学的边界，并非空中楼阁，而是综合考量行业平均赢利水平和经营模式的风险特征、外部经营环境、银行自身的风控能力等诸多要素，借助模型推演出的技术性比例体系。不仅如此，它还应该是一个在一定时段内可调控的弹性体系。

赋予客户关系银行以时代的内涵

金融市场的发展，一度动摇了银行经营的传统理念。但次贷危机的发生，让人们有机会重新审视银行的本质、比较优势及其发展趋势：深耕终端客户关系的理念开始回归。不过，这种回归并不是对过去的简单复制，而是在基本理念的基础上，与时俱进，赋予客户关系以时代的内涵。

分支机构和社区银行的王者归来

次贷危机发生前的10多年，是全球金融自由化浪潮席卷的时代，它深刻地影响了银行经营发展的指导思想。重视客户关系、深耕地区市场的传统银行打法，一时间变得笨拙而过时。大力发展投资银行业务、在资本市场上长袖善舞——大肆投资并购，成为银行业的“新时尚”。不过，次贷危机拂去了时代的浮华，让人们重新审视了银行分支机构以及深耕本地市场的战略价值。这从次贷危机后美国银行（Bank of America）的战略回归、富国银行的战略逆袭便可略见一斑。

美国银行在次贷危机中受到了重大冲击。但与其他银行不同，美国银行的困境更多来自危机爆发后自身无视风险而进行的两项大型并购。2008年，美国银行以45亿美元收购了困境中的美国第一大商业抵押贷款机构——全国金融公司（Countrywide），以440亿美元收购了美林证券（Merrill Lynch）。前者让美国银行陷入了法律纠纷，据不完全统计，因收购全国金融公司，美国银行的诉讼损失超过400亿美元；而美林证券上千亿元的有毒资产不断减计，也使美国银行陷入亏损黑洞。次贷危机前后美国银行利润波动情况和支出波动情况如图9.1和图9.2所示。

面对困境，美国银行推出了“新美银”计划，这是一个削减成本计划，它分为两个阶段：第一阶段，从消费者银行开支、银行卡成本、全球科技和其他领域总计270亿美元的成本中每年节省50亿美元，每年大约裁员3万人；第二阶段，削减商业银行、财富管理、企业银行和投资银行成本，这部分成本为280亿美元。

通过卖掉从墨西哥到爱尔兰的资产，将运营成本降低了10%，剥

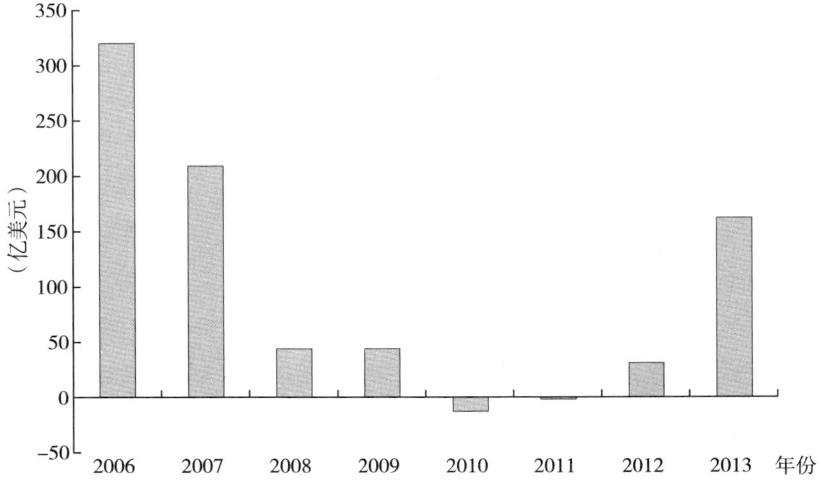

图 9. 1　次贷危机前后美国银行利润波动情况

资料来源：万得资讯。

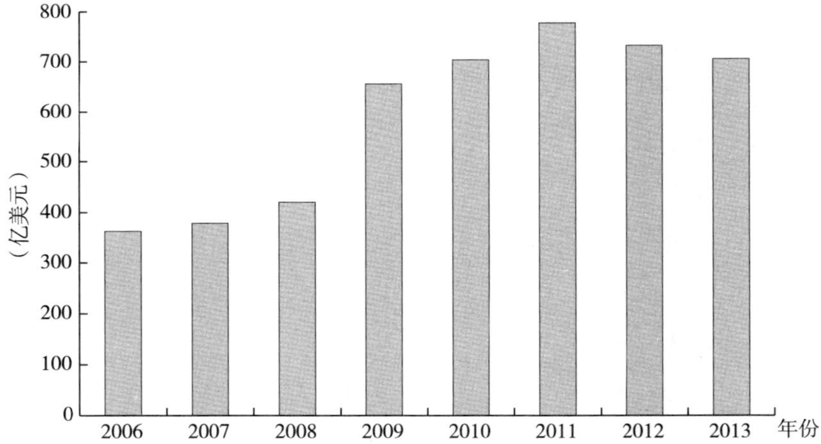

图 9. 2　次贷危机前后美国银行支出波动情况

资料来源：万得资讯。

离了有风险的贷款组合，美国银行阻止了灾难的蔓延。在此情况下，美国银行的战略开始转向如何使自身重获增长。让美国银行重获增长，作为核心业务的消费业务的增长是战略的关键，因此，美国银行重回关系银行业务模式，重点强化了分行的业务能力。[①] 首先，业务的重心重新定为对现有大众富裕客户的挖潜和增长。其次，数千家分行从销售和出纳的窗口被改造为提供各种复杂产品与建议的全面服务中心。超过2 000家分行配置了3名现场专家：1名住房贷款专员、1名小企业银行工作人员和1名来自美林证券的财务顾问。最后，美国银行实施关系定价策略，取消大部分费用，并依据客户在美国银行的全部余额——支票账户余额、抵押贷款余额、信用卡余额和投资余额的总和，来对他们实施奖励。余额越多，奖励的项目越多（比如储蓄账户的高利息和房贷费用的高折扣）。

评析次贷危机后美国银行的战略调整，我们需要了解美国银行的历史基因和成长历史。

传统上，美国银行是以“大众银行”为理念，以分行建设为基础的现代消费者银行。它的前身是1904年由意大利移民阿马迪·贾尼尼（Amadeo Pietro Giannini）创立的意大利银行。贾尼尼被公认为“现代消费者银行业务之父”。在美国银行110年的历史中，其有近半个世纪由“全美第一银行家”阿马迪·贾尼尼执掌。美国银行的发展深刻地烙上了贾尼尼的“大众银行”的经营理念印记：“稳健经营，绝不投机”，推行分行体系建设。危机前美国银行各业务条线的净利润贡献如图9.3所示。

不过，尽管有着“大众银行”的基因，但并购却在美国银行发展历程中有着特殊意义。回顾美国银行发展史，兼并、收购对其业务条线的完善和地域扩张起到了至关重要的作用。进入新世纪，在前首席执行官肯·刘易斯（Ken Lewis）的推动下，美国银行进一步加快了

① 肖恩·塔利．让美国银行重获增长［EB/OL］．财富中文网，2013－08－28。

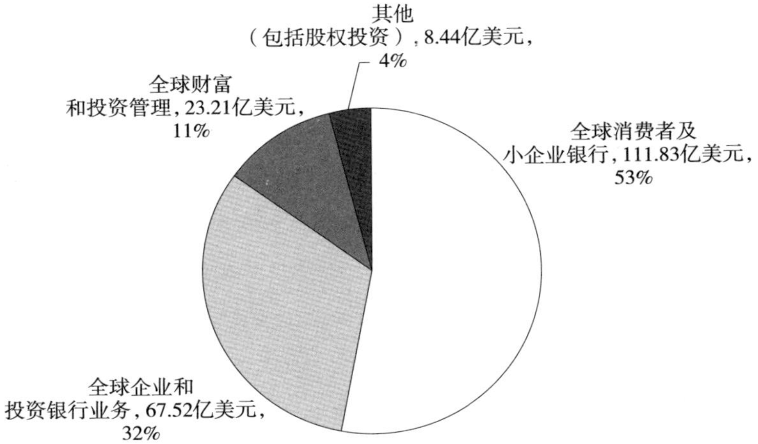

图 9.3　危机前美国银行各业务条线的净利润贡献

并购扩张的步伐。2003 年，美国银行并购波士顿旗舰金融公司（Fleet Boston），这成为美国银行史上的第三大并购案。2005 年，美国银行并购全球最大的独立信用卡发行公司美信银行（MBNA）。2008 年，其收购美国第一大商业抵押贷款机构全国金融公司以及第二大投行美林证券。但并购扩张战略在使美国银行不断膨胀的同时，也使美国银行走上了盲目外延扩张之路，使其忽略了对传统内涵性竞争要素的关注。而这恰恰为美国银行危机后惨重的损失以及传统竞争力的被削弱埋下祸根。面对巨额损失，美国银行祭起"新美银"计划。"新美银"计划本质上是一套应对危机的措施，其目的在于通过剥离风险贷款组合、降低运营成本来重建美国银行的资产负债表，重组美国银行的资本金，有效应对两项并购带来的巨额损失。客观地说，它还不是美国银行正常发展时期的发展战略。直到重新思考如何实现业务增长，美国银行正常的发展战略才得以延续。从"让美国银行重获增长"的内容来看，美国银行的战略调整实际上是一种轮回，即重新回到消费者银行的发展方向，重新回到依托分行能力建设的发展之路。美国银行的战略轮回如图 9.4 所示。

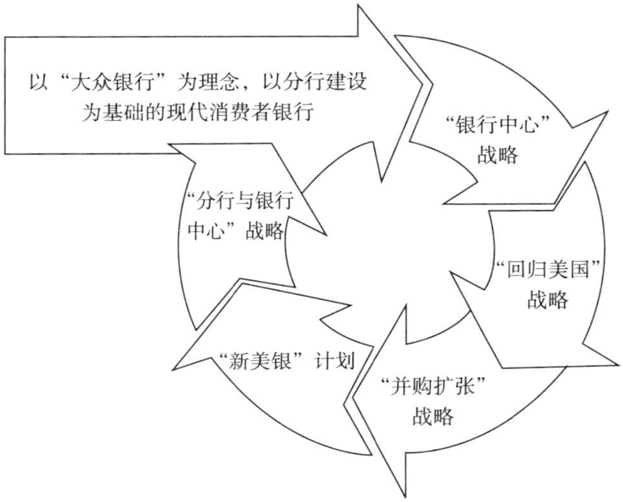

图 9.4　美国银行的战略轮回

与美国银行在次贷危机后被迫战略回归不同，富国银行在危机后实现了逆袭。富国银行 1852 年诞生于加利福尼亚州，发展至今已有 160 多年历史。不过对于美国银行业而言，次贷危机前的富国银行还是个“小角色”，但次贷危机改变了其发展轨迹。富国银行在危机中遭受的损失相对较小，不仅如此，富国银行化“危”为“机”，成功收购了与自身体量不相上下、危机前以资产记为美国第四大银行的美联银行。收购美联银行后，富国银行的分支机构数从 6 000 个增长为 11 000 个。从分支机构数量上看，富国银行已经成为美国第一零售银行，而资产规模则一跃成为美国的第四大银行。

富国银行的逆袭看似偶然，实则必然，它来自富国银行的稳健经营和强大的赢利能力。而这与其社区银行的经营特色息息相关。面对摩根大通、花旗银行（Citibank）等纷纷将投资银行业务作为发展重点，大力拓展投资和经纪业务，富国银行却选择了坚守传统商业银行阵地，逐渐形成了以社区银行、批发银行为主，以理财为辅的三大业务结构。其中，社区银行是富国银行最主要的收入来源。2000 年以来，社区银行的收入占比一直保持在 50% 以上，部分年份高达 70%。富国银行的社区银行深耕于社区，向小微企业和零售客户提供综合金融服务。富国银行建立了高效的客户关系管理平台，为每一个客户经理提供整合的客户信息和金融产品知识。与此同时，富国银行建立了客户识别模型以及回应预测模型，用以有效识别客户的潜在需求。在此基础上，富国银行推行高效的交叉销售模式，它是美国银行业的“交叉销售之王”。

次贷危机后美国银行的战略回归、富国银行的发展逆袭，标志着银行服务终端的战略价值重新被审视和认知，宣示着客户关系银行的王者归来。不过，与过去不同的是，在互联网与金融科技时代，银行服务终端的形态及其业务模式，正被赋予新的内涵。

第一，根植于社区和驻地的社区银行成为银行服务终端的主流形式，但与过去不同的是，社区银行的形态由以网点为主，逐步转向以线上平台为主，物理网点为辅。第二，线上服务与线下服务融合对接。过去的银行网点服务和线上服务，往往相分割（事实上，它们往往也归属不同的银行管理条线），而随着移动互联网的发展，线上与线下的界限日趋模糊。在此背景下，线上银行服务将与网点服务，更加有效融合、链接和彼此支持，银行终端将以一体化的面目向客户提供服务。第三，银行服务终端，将基于社区特性，提供面向本地社区的个性化公共服务，以此来吸纳客户和获取资金、数据等战略性资源。在此基础上，银行进一步拓展一站式、综合性金融服务。第四，客户经理仍然是客户关系管理的关键角色，但与过去不同的是，客户经理是智能经营管理体系中的“超级战士”，他们具有传统客户经理、产品经理、风险经理相叠加的知识结构，为客户提供创新性客户管理和客户服务。

银行服务对客户交易性业务的嵌入和系统对接

银行服务对客户交易性业务的嵌入和系统对接主要是指交易银行业务的发展。不过，这里的交易银行业务，与我们前面所说的交易性金融市场业务并不是相同的概念。所谓交易银行业务，主要是指银行围绕企业客户的交易行为所提供的综合金融服务，从业务内容上看，主要包括支付结算、现金管理、贸易融资和托管等业务。

2008 年，全球投资银行业务收入遭受腰斩，但同期全球交易银行收入却从 3 040 亿美元升至 3 570 亿美元，逆势大增 17%。[①] 至此，交易银行业务被当作一种稳定的、高频的业务类型为银行业所重视。而在中国，它又被看作是应对金融脱媒、利率市场化挑战的一种业务选择，而人民币国际化、全球现金管理的需求又进一步提高了相关业务的战略价值。

不过，交易银行的主要业务——支付结算、现金管理乃至全球现金管理、贸易融资、托管等早已有之。从这个意义上看，当前以及未来，交易银行业务的战略价值关键在于其所实现的对传统基础性业务的模式创新。这种创新包括以下几方面的内容。

第一，服务的整合性和综合性。交易银行业务以客户为中心，通过组织、产品、IT 系统等要素的整合，将支付结算、现金管理、贸易融资以及托管等业务整合在一起，对客户提供综合解决方案。第二，系统对接与服务的嵌入性。银行通过将自身的 IT 系统与企业对接，实现银行金融服务与客户交易活动的即时性互动，从而实现银行服务对企业客户交易性活动的嵌入。第三，量身定制的金融服务。由于实

① 刘明彦等．交易银行的国际经验与中国实践［J］．银行家，2016-03。

现了系统对接，银行可以对企业客户的金融需求进行定制化服务。这主要包括两种形式：对于大企业，银行通过系统直连，对相关企业提供个性化的金融服务；对于小微企业，银行提供类企业资源规划系统（ERP），小企业通过接入系统，享受专门为其定制的标准化服务。

以上是交易银行业务的基本内涵。不过，随着金融科技和互联网的发展，交易银行还需要与时代相对接，推进交易银行服务的金融科技化和生态化。事实上，系统链接基础上的支付结算、现金管理、贸易融资以及资产托管，为银行的大数据分析创造了基础。在此基础上，交易银行业务不仅是银行吸纳低成本存款、加强客户黏性的利器，还是通过大数据风控，扩展业务经营尤其是小微企业业务经营的基础。至于生态化，则是银行整合经济社会各种主体和资源，为客户提供综合金融服务以及非金融增值服务，实现对企业客户，尤其是小微企业客户的一站式服务，进而形成围绕客户的生态体系。从以上意义看，与时代对接的交易银行业务将使银行的客户关系管理进入一个全新的高度。交易银行是互联网时代客户关系银行的重要实现形式。

当前，中国银行业尤其是股份制银行，在交易银行领域多有尝试，但目前相关尝试却存在诸多误区。首先，国内银行的交易银行，其指导思想是业务发展，其重点在于通过部门整合促进资源的集中和倾斜，但正如我们所分析的，交易银行的本质是业务模式创新，整合、嵌入、定制是其基本内涵，而大数据应用和服务生态构建则是其长期竞争力所在。其次，一些银行在探索独立核算或事业部制，意图通过独立核算强化交易银行的内在发展动力，但问题在于交易银行业务发展的战略价值在于深化客户关系，为业务的深度经营提供条件和基础。在这种情况下，交易银行的收益情况并不能反映交易银行的实际价值。一些银行的独立核算尤其是对盈利指标的单纯考核，不仅不能带来更多资源的倾斜，反而可能因为交易银行价值贡献被低估而恶化交易银行的资源配置情况。相似地，条线基础上的事业部制，实际上割裂了交易银行业务与其他业务的联系，也弱化了交易银行的战略价值。

中国交易银行的发展，关键在于对中国国情的适应，即分支行仍然是中国银行业的竞争力基础。在这种情况下，在强调总行对主要交易业务进行整合的同时，总行还要建立强大的针对分支行的产品服务能力、IT 系统服务能力、金融科技应用能力。而分支行则根据地区特点，构筑强大的地区性交易银行生态服务体系。从上述思路来看，中国交易银行的发展，并不需要事业部制似的变革，其重点在于在现有体系中，进行包括产品、客户、系统、科技等要素职能的条线整合，并在整合的条线框架下，进一步强化总行的服务职能。从某种程度看，交易银行条线中，总行交易银行部从以管理控制职能为主的职能设定向以服务为主的职能设定转型，是中国交易银行成功的关键。因为交易银行的基本元素——产品、业务方案、系统、大数据分析，高度依赖总行的支持。

在智能营运体系中打造“超级客户关系经理”

在银行客户关系管理的传统模式中，客户经理有着不可替代的作用，是客户关系管理的核心。那么在互联网与金融科技时代，银行大量的经营和管理活动直接通过网络平台开展，客户经理的作用是不是要被削弱呢？事实上，银行活动越是线上化和虚拟化，面对面的价值反而被凸显。客户经理仍将是未来客户关系银行发展的关键支柱。只不过，在互联网和金融科技时代，客户经理以及“面对面”服务的客户、内容、重心以及方式都将发生重大的改变。这种改变，一方面来自当前客户经理体系在客户服务中的不足，另一方面来自适应未来同业竞争的要求。

从某种程度看，客户经理服务的弊端，是银行总分行体系、部门银行、条线管理体制问题的浓缩和集中反映。在客户经理对客户进行营销与服务的过程，总分支行不同的部门、条线对其进行业务、产品、风控、系统等方面的支持和管理，形成“千根线，一根针”的营销与服务格局。但是这种支持和管理，纵向层级高耸，横向部门分割，总分支行、不同条线具有不同的利益诉求，重管理，轻服务。客户经理得到的多是低效、分割、薄弱的中后台支持，不仅如此，其在现实中还把大量的精力耗费在应对各层级、各条线的管理与信息流转上。客户经理没有时间深度挖掘业务机会，没有意识，更没有能力直接从市场前端提出产品原始创新的需求。客户经理的日常客户管理工作，维持在较低层次的基本客情的维系上。

面对当前客户经理服务协调成本高、创新机制断裂、深层次经营不足的弊端，推动客户经理体系转型是未来客户关系银行发展的重要内容。它应该包括：第一，打造客户经理发掘经营机会、深度经营的能力；第二，强化客户经理从市场前端提出产品原始创新需求的能力；第三，大幅度提升客户经理营销与服务的效率。

以上所述，实际上是将当前的客户经理、产品经理、IT 人员、风险经理的多种知识集于客户经理一身，并通过体系重建，消弭总分行、部门银行、条线管理的营运弊端。我们知道，过去很长时间，中国银行业的总分行制改革、条线制改革，鲜有成功——始终在集权与分权之间轮回。显然，现有框架内的集权和分权是无法解决中国银行业基本体制的弊端的。解决之道就在于引入新的变量，这是金融科技和 IT 系统带来的技术、组织、能力的变革，它归结为银行营运体系的变革。智能营运体系的构建是解决总分行和条线分割问题的根本出路。前面，我们提到在社区银行发展中，“富国银行建立了高效的客户关系管理平台，为每一个客户经理提供整合的客户信息和金融产品知识……建立了客户识别模型以及回应预测模型”，这就具有了智能营运体系的雏形。从金融科技发展的趋势看，智能营运体系应该包括几方面的内涵。

第一，组织变革。在 IT 系统和金融科技应用基础上，银行整合部门和条线，逆转过度专业化的弊端；压缩管理层级，将当前的“三级支持管理，一级经营”体系改革为“二级支持管理，一级经营”，甚至是“一级支持管理，一级经营”体系。第二，系统整合。核心业务系统与各种管理系统相融合，提升 IT 系统对客户经理多种管理活动的支持，支持全能客户经理的发展。第三，大数据体系建构。基于交易银行以及内外部数据，银行提供客户分析大数据，提供实时数据服务，建立产品知识库、业务发展案例库。第四，智能化服务。通过预测模型、客户识别模型、客户需求分析模型、产品创新模型，银行为客户经理提供智能化服务。第五，强大的组织协调功能。银行通过金融科技和 IT 系统建立总分行、各条线多方合作参与的协调机制，建立智能、高效、共享的客户服务平台。

显而易见，从客户服务终端角度看，智能营运体系是经营和管理的整合系统，是面向客户经理的人机一体化系统，代表了强大的、复合的支持体系。数据化和智能化是其突出特征。在其支持下，银行将打造集多种能力于一身的超级客户经理，“他”对接总分行体制和条线管理体制的变革，是数据模型和系统工具武装起来的“超级战士”，是智能化后援体系支撑起来的人性化业务前端。

附录一　改革开放以来，中国银行业的标志性节点

1979 年，农业银行重新成立，大一统的银行体制开始瓦解。

1984 年，工行从央行中分离，商业银行主导的中国银行业的新时代正式开启。

1986 年，股份制商业银行开始出现，新主体的出现不断提升着中国银行业的企业化、市场化水平。

1995 年，《中国人民银行法》和《商业银行法》颁布，中国银行业的发展正式纳入法制轨道。

1999 年，招商银行推出"一网通"，中国银行业的网络渠道建设开始启动。

1999 年，工商银行启动数据大集中项目，标志着中国银行业开启了以银行 IT 基础设施建设为内容的信息化高潮。

1999 年 4 月，中国信达资产管理公司成立，拉开了国有银行剥离不良资产、深化改革的序幕。

2003 年，中国银行业监督管理委员会成立，标志着中国银行业专业监管时代的来临。

2003 年 10 月，支付宝走上历史舞台，开启了人们网上支付的新篇章。

2005 年，建行在国有商业银行中率先在境外上市，国有银行改革进程顺利推进。

2008 年，工行、招行获准设纽约分行，中资银行开启了近十年的国际化进程。

2008 年，外资银行获批境内发卡，外资银行在国内的经营开始推向深入。

2010 年，中国银行业银行理财业务爆发性增长，一段特殊的套利创新时代开启。

2012 年 6 月，《商业银行资本管理办法（试行）》亮相，标志着中国银行业经营管理，尤其是资本和风险管理与国际标准的全面对接。

2013 年，余额宝横空出世，开启了中国互联网金融的元年。

2014 年，阿里巴巴和腾讯展开移动支付补贴大战，作为重要的金融服务平台，移动支付给传统银行的服务渠道和入口带来挑战。

2014 年 12 月，由腾讯作为主发起人的深圳前海微众银行正式获准开业，成为首家开张的民营银行，纯线上的虚拟银行在业务模式和商业逻辑上开始重塑中国银行业。

2015 年 3 月 31 日，存款保险制度被推出，作为利率市场化推进中的重要一环，存款保险制度将逐渐改变中国银行业生态。

2016 年，国务院发布《互联网金融风险专项整治工作实施方案》，互联网金融专项治理开启。

2017 年 3 月 28 日，阿里巴巴、蚂蚁金服与建设银行在杭州签订战略合作协议，新金融主体的崛起得到背书。

2018 年，建行在国有大行中第一个成立金融科技子公司，标志着中国银行业金融科技时代的正式开启。

2018 年，商业银行资管新规落地，《商业银行理财业务监督管理办法》的公布施行标志着中国银行业一段套利时代的完结。

附录二　国内银行总分行体制下的典型组织架构

与国家行政体系相对应的总分行体制是中国银行业基本的体制，它为中国银行业的快速发展奠定了体制基础。但经过几十年的发展，中国银行业正发生重大的改变，传统的总分行体制正面临着越来越多的挑战。国内银行总分行体制下的典型组织架构如图 1 所示。

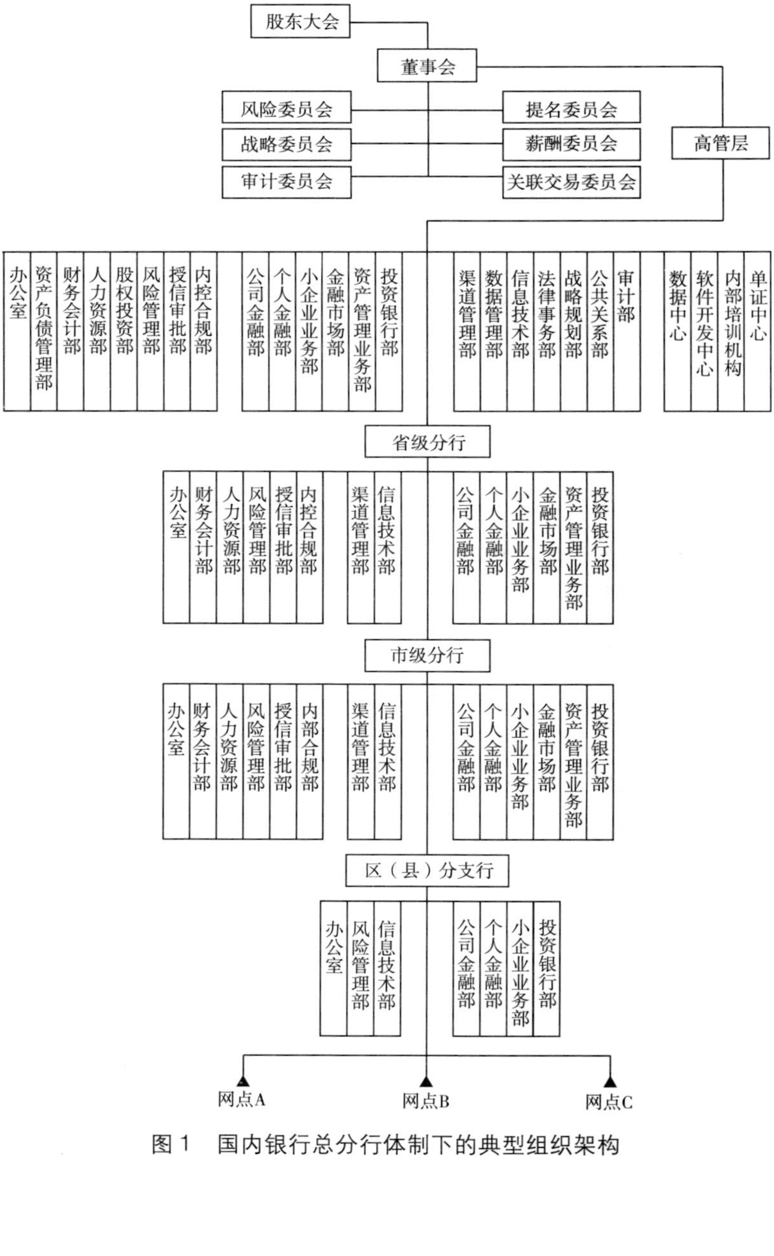

图 1　国内银行总分行体制下的典型组织架构

后记

一段特殊经历的总结

2011年10月，我到北大光华管理学院和一家银行合作的博士后工作站工作。其间，我在总行多个部门实习调研。出站之后，我又到分行、支行的多个岗位进行锻炼。在这期间，中国银行业的变革已经初露端倪。我一度想写一本书来对这种趋势做回应，但阴差阳错，一直没有动笔。

回到总行后，因为工作关系，我参与了行业协会组织的几个课题的研究工作。其间，在协会组织下，我对工行、中行、邮储银行、北京银行、京东等企业进行了调研。在这个过程中，我开始意识到中国银行业所面临的重大变革。于是，我开始尝试着把它转化为文字。

这本书的写作，对我而言，是比较艰难的。我开始写作的时候正赶上妻子怀孕，女儿出生后，我一度在家庭、工作、写作三线挣扎，自己的健康也亮起红灯。写作的一年零两个月，几乎是用药顶着的，真正体会到了“用生命写作”的含义。不过，我总算坚持了下来。

写书的过程，其实是自己与现实中的“小我”抗争的过程。不过，摒弃了“小我”的我们，却未必修炼成了“大我”，个人经历、命运与千秋百世的历史相比，那是多么的渺小。但正如浪花与潮流一样，与历史洪流尤其是与历史的转折偶遇的个人经历往往会显示它的不同。我不确定自己这段经历是否是这样的，但我愿意把这本小书看作是这段特殊人生经历的总结。

写书的过程，其实更是我与自己和解的过程。当我在电脑前敲完最后一个字符的时候，我没有百感交集，只有淡淡的释然，也更加明白，我们这个世界，什么是最为珍贵的。在这里，我向陪伴我走过这段人生经历的亲朋好友致以谢意。当然，我永远难以用感谢来回馈的就是父母和兄弟，没有他们无私的帮助，我不知道自己将怎样走过这些年。最后，我将这本小书献给我的妻子冯亚红女士和我可爱的女儿歌行小朋友，她们是我生活的希望。

刘兴赛

于北京亦庄凉水河畔

2019 年 5 月 22 日

参考书目

1. 廉薇，边慧，苏向辉，曹鹏程．蚂蚁金服：从支付宝到新金融生态圈［M］．中国人民大学出版社，2017。

2. 宋华．互联网供应链金融［M］．中国人民大学出版社，2017。

3. 黄卓，王海明，沈艳，谢绚丽．金融科技的中国时代：数字金融 12 讲［M］．中国人民大学出版社，2017。

4. 杨才勇，严寒，李耀东等．互联网消费金融：模式与实践［M］．电子工业出版社，2016。

5. 克里斯·斯金纳．FinTech，金融科技时代的来临［M］．中信出版社，2016。

6. 斯凯恩．极简金融史［M］．民主与建设出版社，2016。

7. 中国央行农村金融研究小组．中国农村金融服务报告 2016［M］．中国金融出版社，2017。

8. 李焰，王琳编．致广大而尽精微：普惠金融中国实践案例［M］．中国人民大学出版社，2018。

9. 曹磊，钱海利．互联网＋普惠金融：新金融时代［M］．机械工业出版社，2015。

10. 张伟．互联网＋普惠金融：理论与实践［M］．电子工业出版社，2016。

11. 王伟立，李慧群．华为的管理模式：第三版［M］．海天出版社，2012。

12. 吴春波．华为没有秘密：第二版［M］．中信出版社，2016。

13. 吴晓波．腾讯传［M］．浙江大学出版社，2017。